2018 年山西省高等学校教学改革创新项目

项目名称：基于国外运动教育模式的高校体育教学过程优化策略研究

项目编号：J2018164

新时代高校体育教学的多维研究与运动教育模式探索

李海英　著

人民体育出版社

图书在版编目（CIP）数据

新时代高校体育教学的多维研究与运动教育模式探索 /
李海英著 . -- 北京：人民体育出版社，2020

ISBN 978-7-5009-5909-0

Ⅰ . ①新… Ⅱ . ①李… Ⅲ . ①体育教学—教学研究—
高等学校 Ⅳ . ① G807.4

中国版本图书馆 CIP 数据核字 (2020) 第 247971 号

*

人 民 体 育 出 版 社 出 版 发 行
北京盛通印刷股份有限公司印刷
新 华 书 店 经 销

*

710×1000 16 开本 12.75 印张 236 千字
2020 年 12 月第 1 版 2020 年 12 月第 1 次印刷

*

ISBN 978-7-5009-5909-0

定价：60.00 元

社址：北京市东城区体育馆路 8 号（天坛公园东门）

电话：67151482（发行部） 邮编：100061

传真：67151483 邮购：67118491

网址：www.sportspublish.cn

（购买本社图书，如遇有缺损页可与邮购部联系）

高校体育教学有着十分悠久的历史，且随着人类社会的发展经历了一个不断充实与完善的过程。同时，高校体育教学作为高校教学的一个重要组成部分，在培养符合社会需要的复合型体育人才方面发挥着极其重要的作用。如今，高校体育教学越来越受到人们的重视，并在社会中发挥着愈发重要的作用。

近几年，我国为了深化体育教学改革、推动体育教学质量的不断提升，出台了一些新的政策，如注重培养学生的体育核心素养、增强学生的终身体育意识等。不过，高校体育教学在发展的过程中仍出现了一些日益明显的弊端，如指导思想在教学中得不到落实，成熟的教学模式较为单一，体育教学方法的启发性、创新性、主动性不够明显，体育教学评价不够全面，尤其是对体育学习态度、情意表现与合作精神内容的评价较为缺乏。针对这种情况，很有必要对高校体育教学进行改革，以便高校体育教学的质量和水平能够得到有效提升。而在这一过程中，一个重要的举措便是对高校体育教学的模式进行改革。就当前来说，高校体育教学模式的研究不断深入，新的高校体育教学模式也不断出现。其中，能够有效促进高校体育教学的一个新的体育教学模式是运动教育模式。鉴于此，笔者参阅了大量相关著作文献并进行了实证研究，最终形成了《新时代高校体育教学的多维研究与运动教育模式探索》一书。

本书共有六章内容。其中，第一章对中国体育教学思想的发展与演变进行了详细探究，有助于准确地把握中国体育的教学思想。第二章和第三章对高校体育教学的相关内容进行了详细分析，具体包括高校体育教学的现状与发展走向、高校体育教学过程的优化策略等内容。第四章至第六章对运动教育模式的相关内容进行了详细分析，具体包括运动教育模式探析与理论构建、运动教育模式在高校体育教学中的引入与构建、运动教育模式在高校体育教学中的实证研究与应用等内容。此外，本书的附录部分向运动教育实施者介绍了运动教育实施中一些重要的教学元素，为实施者能够正确、有效地开展运动教育提供了一定的教学参考。总体来说，本书在吸收前人研究成果的基础上，既对高校体育教学以及运动教育模式的基本理论进行了详细阐述，又结合当前高校体育教学的现状，对如何更好地利用运动教育模式来有效开展高校体育教学进行了详细分析，以便为当代及今后的高校体育教学提供一定的借鉴。

在本书的撰写过程中，笔者不仅参阅、引用了很多国内外相关文献资料，而且得到了同事亲朋的鼎力相助，在此一并表示衷心的感谢。由于笔者水平有限，书中疏漏之处在所难免，恳请同行专家以及广大读者批评指正。

2020 年 8 月

目　录

CHAPTER 01 **第一章**

中国体育教学思想的发展与演变探究

人们在体育教学实践活动中直接或间接形成的对体育教学的认识或看法，便是体育教学思想。它是社会历史的产物，会随着历史的发展和社会的进步而得以不断丰富和完善。同时，通过对体育教学思想进行研究可以寻找到更适合现实及未来需要的体育教学思想。在本章中，将对我国的体育教学思想及其发展演变的历史进行详细阐述。

第一节　中国古代的体育教学思想

在我国古代的教育中，就包含了体育教学思想。而我国古代的教育思想，最为主要的是"文武兼备"。这一教育思想使得中国古代学校体育呈现出一种显著的特色，即体育与军事教育紧密相连，体育直接为军事需要服务。

一、先秦时期的体育教学思想

在先秦时期，"国之大事，在祀与戎"。也就是说，在这一时期，除了宗教和祭祀，打仗也是非常重要的一个方面。因此，在先秦时期是十分重视能够增强贵族子弟身体素质的体育教育的。

先秦的体育教育，由于生产力发展和国家维护统治地位与利益的需要，夏商时期形成了早期的奴隶主贵族教育体系和早期的学校。这类贵族学校在夏代被称为"校"、在商代被称为"序"，"校"与"序"通常是文武兼习，但以武为主，在专职教师（一般由有作战经验的老年人担任）带领下，主要学习射箭技术。在进入西周后，教育获得了进一步发展，其中最为重要的是六艺教育，包括礼、乐、射、御、书、数六种科目。从这些科目中可以看出，西周的教育仍然重视培养文武兼备的人才。进入春秋战国时期后，官办学校弛废，民间私学兴盛，出现了文武分途的情况。不过，从总体上来说，先秦的体育教育思想主要是"文武兼备"。

先秦时期的学校是培养统治人才的贵族学校，其通常有十分严格的管理制度，学生在学校中食宿，不得任意外出。学校有专门的射箭练习场。"大学"的这类场所有陆上和水上之分，陆上射箭场称为"射卢"或"宣府"；水上（实际上是水中的小岛）射箭场称为"辟雍"与"泮宫"；小学的专门射习场称为"序"。学生在专职教师——"师氏"及"保氏"的指导下从事各种技艺与知识的学习，从而使为奴隶主政权培养文武兼备的人才这一目标得以顺利实现。

孔子是明确提出"文武兼备"思想的学者，他认为"天下有道，礼乐征伐自天子出"，治国应做到"足食足兵""教民以战"，"不教民战，是谓弃之"。教育的目标是培养"文武兼备"的"仁者"。对孔子的教育思想进行分析可以发现，其有着明确的为军事服务的体育内容，主要体现在孔子教育的"射、御"之学上。"射、御"之学既是军事，又是体育。这是因为，射、御本身属武艺项目，但人们通过练习射、御可以使自身的体质得到提高，继而更好地从事军事活动。

孔子教育中的体育内容在培养文武兼备的人才方面收到了实际效果，而且孔子提出的"文武兼备"的教育思想在我国整个封建教育中始终贯穿着体育为军事服务的内容。

二、秦汉至魏晋时期的体育教学思想

在秦代时，随着封建大一统帝国的建立，我国结束了长期分裂和战乱的情况。此后，秦代统治者为了巩固自己的统治，采取了"焚书坑儒""以吏为师"等措施，并一度禁止私学、重兴官学。此外，秦代统治者还曾下令销毁民间兵器，禁止民间习武。从总体上来看，秦代统治者既不重文也不重武，因而这一时期的体育教学并未受到重视。

在两汉时期，随着封建大一统帝国的进一步稳固，"文治"在国家政权中的重要性进一步提升，而"武功"在国家政权中的重要性则有所衰退。这就导致"文武兼备"的教育目标发生了变化，如元朔五年（公元前124），汉武帝采纳了董仲舒的建议，"罢黜百家，独尊儒术"，开创了政教分离的官办教育。汉代官方学校教育以"经学"和"辞赋"为基本教学内容，先秦以"六艺"为代表的学校体育退出了学校教育内容。这表明，汉代统治者是"重文轻武"的，因而汉代的体育教学也未得到有效的发展。

魏晋时期的学校教育仍然沿袭了两汉时期的教育内容，因而这一时期的体育教学也逐渐走向了衰落。

三、唐宋时期的体育教学思想

在唐代时，统治者为了巩固自己的统治，对军事的重视程度有所增加。到了宋代时期，随着民族矛盾的激化，军事获得了统治者的高度重视。比如，根据《宋史·选举志》的记载，宋神宗熙宁五年（1072）开始创设我国古代专门习武的学校，至北宋末年，各府州都办起了武学。武学的学习内容与武举考试内容一致，除了步射、马射，还要考马上武艺以及笔试兵法律令。值得注意的是，宋代统治者在分文、武两类培养人才时，仍强调一定程度的文武兼备，这使得学校体育获得了一定程度的复兴。

四、元明清时期的体育教学思想

元代统治者在实现了国家统一后，又借助于武力大大扩展了自己的版图。因此，元代统治者也十分重视培养文武兼备的人才。在进入明代后，明太祖朱元璋从自身建立功业的经历中就将文武兼修的重要性总结了出来，在明初重建教育体制中强调学校应文武兼修，提出恢复上古"六艺"教育，以"礼乐射御书数设科分教，务求实材"。同时，明太祖积极创造有利的条件来确保"六艺"教育能够得到有效实施。比如，统治者切实重视保障学校习射的场地、器材，并对习射时间做了规定。在明太祖之后，明英宗亦强调教育应培养文武兼备的人才，对当时设置武学、武举颇不以为然，说"是析文武为二途，轻天下无全才矣三代之上，士之学者文武兼备，故措之于用，无所不宜"。统治者感到一定程度文武兼备的人才在封建国家机构里所发挥的作用，较之轻武重文之儒生会大得多，会管用得多。这一看法无疑是正确的，其既促进形成了明代儒生习武和武生习文的风气，也培养出不少文武双全的优秀人才。

在明代之后，我国历史进入了清代。清代的统治者是满族人，而满族是北方以骑射为本的强悍尚武之民族，因而清代统治者在建立封建王朝中，有了文武不可偏废的重要认识。也就是说，清代统治者都十分重视文武兼习。比如，雍正帝有一道"谕旨"："古者射御居六艺之中，圣人所重。本朝开国以来，骑射精熟，历代罕有伦比。旗人凡少长贵贱悉皆专心练习，未有一人不娴熟弓马者。士子应试，必先试其骑射，合式方准入闱。盖恐其专习文艺，或致骑射生疏，故先以此试之。"文科考试先试骑射，这个规定对学校体育的开展起到了非常积极的促进作用。风气所及，民间教育竞相效仿。特别是清初著名教育家颜元，他本人文武全能，以"文武兼备"来办学。在他主办的"漳南书院"中，课程分为"文事"与"武备"等若干类，学校辟习射运动场，军体课的内容除骑射外，还有武术、举重及舞蹈等。颜元非常反对宋明理学，他从经世致用的宗旨出发，推行具有实学特色的书院改革，提倡可行和主动，致力培养有真本领的经世致用的全才。

总体而言，中国古代的体育教学已有了一定的发展，而且体育教学的发展深受军事需要的影响。

第二节　中国近现代的体育教学思想

自 1840 年鸦片战争之后，中国进入了近现代社会时期。在这一时期，体育教学思想获得了进一步发展，并推动我国的体育教学取得了新的发展。具体来看，中国近现代时期重要的体育教学思想主要有以下几种。

一、军国民体育思想

（一）军国民体育思想的形成与演变

军国民体育思想是在 1902 年提出的，是以"强国强民""尚武""强兵"为目的，以兵式体操和普通体操为手段，注重培养学生强身健体、尚武和严格纪律等军人精神的一种体育教学思想。

1903 年，清政府制定并颁布了《奏定学堂章程》，即"癸卯学制"。该学制把体育纳入教学，设置体操课，实施普通体操和兵式体操，且以兵式体操为主。这是我国近代首次正式地设置体育课。

到了 1906 年，清政府制定并颁布了更为明确的教育宗旨，涉及"忠君""尊孔""尚公""尚武""尚实"五个方面。其中，"尚武"是与体育教学相关的教育宗旨。《学部奏请宣示教育宗旨折》中说："所谓尚武者何也？东西各国，全民皆兵；自元首之子以至庶人，皆有当兵之义务……实由全国学校隐寓于军律，童稚之时已养成刚健耐苦之质也……今朝廷锐意武备，以练兵为第一要务……欲救其弊，必以教育为挽回风气之具，凡中小学堂各种教科书，必寓军国民主义……体操一科，幼稚者以游戏体操以教育其身体，稍长者以兵式操严整其纪律，而尤时时勖以守秩序，养威重，以造成完全之人格。语云：'行步而有强国之容'，记云：'礼者所以固人肌肤之会，筋骸之束……我三代以前人尽知兵之义，庶几可复乎！'"至此，军国民体育思想正式形成。

军国民体育思想在形成后，一直沿用到辛亥革命时期。到了五四新文化运动时期，军国民体育思想逐渐走向衰落。

（二）军国民体育思想的重要性

在中国近现代的体育教学及体育事业发展中，军国民体育思想发挥了十分重要的作用，因此是中国近现代十分重要的一种体育教学思想。具体来看，军国民体育思想的重要性主要表现在以下两个方面。

1. 军国民体育思想标志着我国近代体育教学思想的发端

军国民体育思想在我国体育课程教学中的应用，在客观上结束了我国封建社会学校教育中重文轻武和基本没有体育的历史，因而被大部分学者认为标志着我国近代体育教学思想的发端。

2. 军国民体育思想奠定了我国体育的政治地位

军国民体育思想是在我国面临严重的民族灾难与危机的情况下提出的，其形成与发展的过程也伴随着救亡图存运动的开展。因此，这一体育教学思想是有着浓厚政治色彩的，从而切实奠定了体育的政治地位。

（三）军国民体育思想的缺陷

军国民体育思想作为一个历史范畴，受历史的局限性而存在一定的缺陷。具体来看，军国民体育思想的缺陷主要有以下几个。

第一，军国民体育思想有着过于浓厚的政治色彩，政治倾向性太过明显。

第二，军国民体育思想缺乏科学的理论构建，而且没有形成独立的理论体系，理论性较弱。

第三，军国民体育思想所提倡的教学方法与手段过于呆板、枯燥、机械、生硬，违背了学生的身心发展特点，因而导致体育教学难以收到良好的成效。

二、自然体育思想

（一）自然体育思想的形成与演变

我国的自然体育思想是对最初产生于欧洲和美国的自然体育思想进行吸收与

改造的结果。欧洲文艺复兴运动提出了反对宗教思想的束缚，由此促进了人性解放和自由主义思想的出现。这些思想强调人的自然运动冲动学说，提倡到大自然中去游戏和进行身体活动，被总称为"自然运动"。在此影响下，一些学者提出在进行体育改革时，必须融入"自然体操""自然体育"的思想。不过，这些学者们并没有形成系统的自然体育教育理论与方法。而美国的自然体育思想受到欧洲自然体育思想的影响，由哥伦比亚大学师范学院的伍德和赫塞灵顿在 1910 年提出，后经哥伦比亚大学师范学院体育系主任威廉士博士的发展，形成了一整套自然体育的理论和方法，并成为 20 世纪 20 至 40 年代美国学校体育教育的主导思想。

美国的自然体育思想不仅在本国产生了深远影响，对世界其他国家的体育教学也产生了重要影响。我国提出的自然体育思想就源于美国的自然体育思想，而方万邦在 1933 年出版的《体育原理》和吴蕴瑞、袁敦礼在 1935 年出版的《体育原理》对其进行了详细阐述。自此，自然体育思想开始在我国体育教学中发挥重要的作用，一直到中华人民共和国成立。

（二）自然体育思想的特点

对自然体育思想进行分析可以发现，其具有以下几个鲜明的特点。

第一，体育即教育。自然体育思想认为，体育即教育。也就是说，体育的本质是教育，体育的目的是教育人。对于体育所产生的提高学生体育技能、增强学生健康水平等功能，自然体育思想认为其只是在身体教育活动中产生的副产品，并非自然之结果。

第二，体育即生活。自然体育思想认为，体育从根本上讲是一种生活方式。体育是人类生活的经验和习惯，是生活中不可缺少的，因而体育应当使人们"善用闲暇""丰富生活"，使生活美满、愉快和满足。因此，学生不论是在体育教学中掌握运动技能，还是增强自己的身体素质，都是为了应付生活中的需要。因此，体育即生活。

第三，推崇自然活动。推崇自然活动也是自然体育思想的一个重要特点。自然体育思想认为，在开展体育教学活动中，必须重视开展具有自然性的体育活动，即所开展的体育活动要尽可能符合学生的本性及其身心发展特点。

第四，重视培养学生的品德。自然体育思想认为，体育教学不仅是为了满足社会生活的各种需要，还要注重培养学生良好的品德，使学生能够在社会发展中发挥重要的作用。因此，重视培养学生的品德也是自然体育思想的一个重要特点。

（三）自然体育思想对我国体育教学的影响

自然体育思想在传入我国后，对我国的体育教学产生了重要的影响，而且所产生的影响既有积极的一面，也有消极的一面。

1. 自然体育思想对我国体育教学的积极影响

自然体育思想对我国体育教学的积极影响，具体来说有以下几个。

第一，自然体育思想要求学校体育课程与教材按照自然体育原则设置和设计，由此推动了由以兵式体操为主的教学内容向以竞技运动为主要内容的转变。

第二，自然体育思想以自然为基本形式，以实用为目的，要求课程教材必须与学生的发育及运动能力相适应，尊重学生的兴趣和欲望，这有效推动了我国体育教学的发展及学生身体素质的提高。

第三，自然体育思想注重体育教学气氛的活跃性和娱乐性，避免了强制、枯燥、呆板的体育教学形式。

第四，自然体育思想强调体育的教育意义，这对于发挥我国体育教学的教育意义产生了重要的积极影响。

2. 自然体育思想对我国体育教学的消极影响

自然体育思想对我国体育教学的消极影响，主要表现在以下几个方面。

第一，自然体育思想过分强调体育的教育功能，把增强体质的主要功能说成是自然的"副产品"，是附带的或次要的任务，造成体育教学的具体任务不明确，空泛无法捉摸，效果不明显。

第二，自然体育思想对竞技体育的过分强调，使体育教学内容远离大多数学生。

第三，自然体育思想对体操的片面否定，限制了体操在教学中能够发挥的积极作用。

第四，自然体育思想不适当地突出了学生的兴趣和本性，强调"课堂以学生为中心"，动摇了教师的主导地位，形成了当时"放羊式"的教学方式。

三、主智主义体育思想

（一）主智主义体育思想的形成与演变

20 世纪 50 年代，受苏联教育家凯洛夫教育思想的影响，我国在学习苏联教育理论的基础上形成了以教师为中心、以"三基"为主要教学内容的主智主义体育思想。在进入20世纪70年代后，随着科技的进步和社会的发展，主智主义过分强调运动技术的掌握及学生技能提高的理念，以及强调教师、组织方法、教材的理念极大地挫伤了学生主动参与体育锻炼的兴趣和积极性，严重影响和制约了学校体育的发展，因而这一体育思想逐渐走向了衰落。

（二）主智主义体育思想的特点

主智主义体育思想的特点，具体来说有以下几个。

第一，主智主义体育思想注重体育教学过程中精神和道德品质的培养。

第二，主智主义体育思想注重基本素质、基本技能和基本知识（"三基"）的教学。

第三，主智主义体育思想注重"教师、教学组织形式、教材"在课堂教学中的中心地位，并将教学过程分为感知、理解、概括、巩固、熟练和测验六个阶段。

四、体质教育论教学思想

（一）体质教育论教学思想的形成与演变

中华人民共和国成立后，党和国家十分重视增强学生的体质、改善的学生健康状况，于是提出了体质教育论教学思想。但是，由于受到多种原因的影响，体质教育论教学思想并未得到有效的实施，因而学生的体质状况依然令人担心。此外，在这一时期，学校体育受体委工作侧重于抓竞技运动的影响，出现了忽视群众体育、以竞技运动水平衡量学校体育工作好坏的倾向，因而学生的体质状况也未受到高度关注。学生体质的下降，严重影响了我国国民整体素质的提升。为改变这一状况，1978年颁布的中小学体育教学大纲强调了"必须以增强学生体质为准则"，1979年5月教育部、国家体委、卫生部、共青团中央在扬州联合召开的全国学校体育、卫生工作经验交流会上提出了学校体育的根本目的在于增强学生体质，应把"最根本的是看学生的体质是否有所增强"作为评定学校体育工作成绩的标准。之后，一些学者以增强体质为立论基础，进一步提出"体质教育论教学思想"的理论与方法，并积极推动这种体育教学思想在学校体育教学中的有效运用。

（二）体质教育论教学思想的内容

对体质教育论教学思想进行分析可以发现，其主要包括以下几方面的内容。

第一，体质教育论教学思想强调，必须重视人体的生物学改造，坚持生物学评价标准，推崇超量负荷原理、适应性原理、价值阈原理。

第二，体质教育论教学思想认为，体育科学化是以人体发展的生物学规律，即以体质强弱变化的规律为依据，主张我国的体育教学必须从以运动技术教学为中心转移到以增强体质为中心。

第三，体育教育论教学思想认为，体育作为教育的组成部分，跟其他各育的种差就在"体"字上，是在身体发展方面进行的教育。只有正视这一点，才能够抓住体育的真谛。

第三节　中国当代的体育教学思想

自改革开放以来，我国体育教学思想不断丰富，体育教学的质量和水平也得到了不断提升。具体来说，我国这一时期形成的体育教学思想中，影响较大的有以下几个。

一、终身体育思想

我国对终身体育教学思想的研究，起步于 20 世纪 80 年代中期。在当前，终身体育教学思想获得了越来越多人们的认可，并在学校体育教学中得到了广泛运用。

（一）终身体育思想的内涵

一个人从生命开始到生命结束，都要适应环境与个人的需要，进行身体锻炼，以取得生存、生活、学习与工作的物质基础或条件。因此，终身体育思想的形成是人类自身和社会发展的必然要求。

终身体育是终身教育的一个重要组成部分，指的是在人的一生中都要进行身体锻炼和接受体育教育与指导。对终身体育的这一概念进行分析，可以发现其包含以下几方面的含义。

第一，终身体育必须要贯穿于人的一生，以培养出一种理想的人——终身体育者。

第二，终身体育运动项目必须是丰富多样的，能让每一个人依据自身的兴趣与爱好选择恰当的体育运动项目。

第三，终身体育必须面向社会全体公民，尤其是青少年学生。

第四，终身体育是促进公民整体素质提升和国家繁荣富强的有效手段。

（二）终身体育思想的特点

终身体育思想较其他体育教学思想而言，有着自身鲜明的特点。具体来说，终身体育教学思想的特点主要有以下几个。

1. 终身性

终身体育思想的终身性特点指的是在以终身体育教学思想为指导来开展体育教学时，必须根据个体生长发育、发展和衰退的规律和阶段性特征引导教学对象进行科学的身体锻炼，并使其养成终身锻炼的思想，令其终身受益。

2. 全民性

终身体育思想的全民性特点指的是接受终身体育的所有人，在对象上有儿童、青少年、成年人和老年人等；在范围上有学校体育、家庭体育、社会体育等。以终身体育为指导开展全民健身运动，主要表现为群众体育的进一步普及与发展，从而使体育的普及化得以顺利实现。在现代社会，每一个人都要学会生存，而要学会生存则离不开体育。因为生存发展是时代的主流，要生存就必须会学习、运动锻炼和保健，人们要想更好地生活，就要把体育与生活紧密联系在一起，在参与体育活动中终身受益。

3. 实效性

终身体育教学思想的实效性特点，主要是通过以下几个方面表现出来的。

第一，终身体育教学思想能够促进运动者自身的全面发展和终身发展。

第二，终身体育教学思想能够维护和改善人的生活质量，促进人的身体健康。

第三，终身体育教学思想能够增强国民的整体素质。

（三）终身体育思想在体育教学中的应用

在体育教学中应用终身体育教学思想时，要想获得良好的成效，必须做好以下几方面的工作。

1. 要积极培养学生的终身体育意识

在体育教学中应用终身体育思想时，必须重视培养学生的终身体育意识。而要实现这一点，必须做好以下几方面的工作。

第一，要重视端正学生的体育学习态度。在体育教学中要端正学生的体育学习态度，使他们建立正确的体育目标，形成长远的、持久的学习动机。在此基础上，学生便可能形成终身体育意识。

第二，要重视培养学生的体育锻炼习惯。体育教师应重视培养学生的体育锻炼习惯，并引导学生将体育锻炼的习惯延续到校园生活以外。如此一来，既能够促进全民健身的发展，也能够促使终身体育教学思想得到深入的贯彻。

第三，要重视培养学生的体育素质。在具体的体育教学中，体育教师应树立使学生终身受益的目标，对每次课内和课外活动提出相应的要求，以健身为目标，将素质、技能、知识、能力等教育内容渗透到终身体育意识的培养中。

2. 要不断丰富和拓展体育教学的内容

不断丰富和拓展体育教学的内容，对于培养学生的终身体育观念也有重要的作用。体育教学内容的丰富和拓展能够使学生始终对体育运动保持较高的兴趣，从而更加积极、主动地参与到体育教学之中。这对于学生终身体育意识的培养来说也是十分有利的。

具体来说，进一步丰富和拓展体育教学的内容，必须遵循以下几个方面的要求。

第一，在体育教学中可开展一些桥牌、溜冰等学生乐于接受的体育项目。

第二，适当开展篮球、排球、乒乓球、足球、健美操等赛事。

第三，尽可能在课堂上安排耐久跑等锻炼内容，并视季节特点做出不同安排。

第四，对学生关注的体育热点进行积极的引导，将体育竞技规则和裁判基本知识传授给学生，同时，还可以对大型体育比赛的技巧等进行适时解说。

第五，对学生自行组织比赛给予大力支持，全面培养学生的自我组织能力和参与意识。

第六，体育课内外教学相结合对于终身体育思想的发展也是有积极意义的。学校开设体育选修课可以让学生选择自己感兴趣的体育项目来学习，从而发挥自己的体育特长，养成良好的体育习惯，为终身体育锻炼习惯的形成打下坚实的基础。

3. 要积极引导学生将自我发展与社会需要有机融合在一起

终身体育着眼于人一生中各个不同的年龄阶段、不同的生活环境、不同的职业特点来选择相应的锻炼方法和内容，进行不同形式的身体锻炼，以保证终身受益。而学校体育教学正是为未来扮演不同社会角色的学生提供了一个良好的参与体育的契机，指导其参与体育锻炼，以便进入社会后更好地适应社会。因此，终身体育不仅要促进学生在学校的发展，还应充分满足社会发展对学生未来发展的需求，这就要求体育教育应重视学生的当前和长远发展。为此，在开展体育教学的过程中，必须积极引导学生将自我发展与社会需要有机融合在一起。在这一过程中，必须特别注意以下几个方面。

第一，要将学生需要与社会需要的彼此地位明确下来，这是正确处理学校体育发展与社会需要适配性的关键问题。

第二，要将学生需要与社会需要之间的关系明确下来。主体需要是推进学校体育文化发展的内在动力，社会需要是该项发展的外在要求。

第三，要使学生掌握系统的体育基础理论知识、科学的身体锻炼方法，以及检查评定的方法，这对他们终身体育能力的形成起着积极的促进作用。

第四，要将学生作为体育教学的中心，以促使学生的学习和发展需求得到较好的满足。

第五，要对学生发展与社会需要之间的不同发展阶段的矛盾进行灵活处理。虽然社会需要与主体需要在最终目标上保持一致，但这并不代表之前的其他过程就是相同的。学生的终身体育发展为社会对人才的需求奠定了基本人才素质基础，但学校体育教育是多方面的，不能单纯为社会需求发展服务，还应充分考虑"以人为本""健康第一"。

4. 要重视提升体育教师的综合素质水平

终身体育思想能否在体育教学中得到有效运用，与体育教师的综合素质水平有着密切的关系。因此，必须重视提升体育教师的综合素质水平，以确保体育教师能够不断提高教学质量。在这一过程中，体育教师必须做好以下几方面的工作。

第一，体育教师应树立重视体育教学思想和意识的观念，并在教学过程中积极贯彻。教育会对民族兴亡产生直接的影响，健康、健美的人才才是祖国需要的。因此，体育教师需要时刻考虑如何将祖国未来的希望——学生培养成全面发展的新型人才。

第二，体育教师在体育课程教学过程中，如果遇到一些特殊的或事先没有考虑到的情况，就要稍微调整或调节课程，这在体育课中是常见的。教师不能将提前设计好的教学方案定格，将它视为一成不变的模式，而应以动态的、变化的眼光来实施课程方案。这就要求教师需注意以具体的教育情况为依据来对原有的课程设计进行适当的调整，以便更好地为学生的体育学习和锻炼服务。

第三，体育教师需要逐渐与时代发展的需求相适应，不断进行自我更新和完善，树立新的教育观念，采取科学有效的、富有创新的教学方法来开展教学工作，从而将学生的体育参与积极性和主动性充分调动起来，使学生乐于主动参与体育运动锻炼，同时，要逐渐养成良好的体育锻炼习惯。

二、创新教育思想

21 世纪是知识经济的时代，这种经济以不断创新的知识为主要基础，依靠新的发现、发明、研究和创新，并建立在知识的传播、转化和应用基础上，是一种高度智力化的经济，其核心在于创新。这一切又深深扎根于教育的基础之上，因此，实施创新教育就是时代的呼唤。此外，迎接世界科技发展的挑战，实现民族的伟大复兴，关键在于人才，而人才竞争的关键又在于教育，因此教育的种种不适应必须改革、创新、调整，这是素质教育思想的根本所在。也就是说，我国要推进教育改革，就必须遵循创新教育思想。

（一）创新教育思想实现的途径

创新教育思想实现的途径，具体来说有以下几方面。

1. 要充分认识到教育所具有的创新职能

创新教育思想要求人们重新认识传统教育的职能。传统的观念认为，教育的最大功能是韩愈所谓的"传道、授业、解惑"，即传播知识。但是，伴随着社会生产力的极大发展和知识经济时代的到来，为了适应时代的要求，教育除了需具有传播知识的功能，还需具备培养创新精神和创新人才的功能。而要充分发挥教育在国家创新体系中的作用，就必须重视对教育自身的创新职能进行深入的认识。

2. 要不断推进素质教育的进程

1999 年 6 月，由中共中央办公厅颁布的中共中央、国务院《关于深化教育改革全面推进素质教育的决定》明确指出，素质教育要以培养学生的创新精神和实践能力为重点。也就是说创新教育并不是离开素质教育另搞一套，而是把培养学生的创新素质作为素质教育的重点来抓。深化教育改革、全面推进素质教育进程，其中最重要的一点就是对学生创新能力的培养，因为培养创新能力可以确保素质教育的顺利实施，并且促进其大步向前发展。

3. 要积极树立创新教育观念

学习创新教育思想，要求我们必须借鉴和吸收古今中外人类社会的一切优秀文明成果，不断地丰富和发展创新教育思想。学习创新教育思想，同时还要求我们必须结合创新教育的实施原则，树立起一系列的创新教育观念，如个性化、自主性、探索性、开放性、民主性、实践性和启发性等，使我们提倡的创新教育在科学教育观念的指导下得以健康发展。

(二) 创新教育思想在体育教学中的应用

在体育教学中应用创新教育思想时，要想获得良好的成效，必须重视培养学生的创新能力。而要对学生的创新能力进行培养，就必须在体育教学中做好以下几方面的工作。

1. 要充分尊重学生在体育教学中的主体地位

体育教学应在尊重教师主导性的同时，充分尊重学生的主体地位，这就要求体育教学以学生为本。以学生为本则要求体育教师激发学生的求知欲，调动学生自学的积极性，尊重学生的主动性，让学生能够自由地茁壮成才。

2. 要借助于灵活多变的教学方式来增强学生参与体育运动的兴趣

体育课与传统的文化课相比，其教学具有更强的形象性、直观性、趣味性和生动性。在体育课堂上，教师是相对自由灵活的，可以在教学课堂中融入游戏、竞技因素来丰富教学内容，吸引学生参与其中。同时，体育活动是"身体语言"固化为形象思维，再逐步形成抽象思维的过程。因此，在这个过程中，体育教师可以采用灵活多变的教学方式，让学生在轻松、愉悦的游戏氛围中，提高学习兴趣、强壮体质、增强心智。

3. 要积极鼓励学生进行创新

事物要想向前发展，必须进行创新。因此，体育教师要鼓励学生创新，要勇于标新立异，推陈出新。当然，这里所说的标新立异并不是一味地"求异"，不顾基础知识，而是要鼓励学生在掌握扎实的基本功之余，用新的思维去重新审视之前学习过的内容，不断进行知识的优化重组，进而形成新的认知理论和认知方法。与此同时，体育教师要学会利用学生的某些心理特点培养学生标新立异、推陈出新的能力。体育教师要学会"引而不发"，提出某个问题，但不发表言论，一步一步地引导学生进行独立思考，最终培养学生独立创新解决问题的能力。

4. 要实现体育教师与学生之间的有效沟通

社会是一个群体，人与人之间要进行交流和沟通，社会才能向前发展。体育教学也是一样，在体育课堂上，教师和学生之间也需要彼此交流和沟通。如果学生在头脑中形成创新意识和创新思路的时候，教师不作为，没有给他们提供创新的空间和平台，那么最终会把学生的创新思维扼杀在摇篮里。久而久之，学生也便习惯性地压抑自己的想法，思维变得懒惰起来。填鸭式灌输的知识传授，对他们的长远发展也很不利。作为体育教师，应该从自身做起，想尽一切可行的办法，使学生的身心得到充分释放。应为学生创设一切可能的因素，促使他们启迪智慧、主动探究、强壮体格，充分尊重学生的主体地位，让他们成为学习的真正主人。

5. 要将对学生创造力的培养延伸到课堂之外

在开展体育教学的过程中，要想获得良好的成效，体育教师就必须学会利用一切可以利用的因素，提升学生学习体育的动力，增加学生学习体育的兴趣，提高学生的学习创造力。在体育教学的实施过程中，体育教师应该在教学伊始，就对学生创新能力的培养做出长远规划，以此明确目标。在体育教学中，教师要充分尊重学生的个性和需要，从学生的生理和心理特点出发，夯实学生的体育基础理论知识，以多样化的课堂教学手段为学生锻炼提供良好的学习氛围，在体育课堂内构建和谐的师生关系，做有利于学生创新能力培养的准备。

不过，仅仅依靠课堂教学来培养学生综合能力是远远不够的，这就要求体育教师要把对学生创造力的培养延伸到课堂之外。相较于课内而言，课外的时间更为充足、空间更为广阔。课外能为学生提供更多思考和实践的时间和空间,有利于学生受到生活课堂的启发养成自主学习的习惯,也有利于学生提高学习能力,确立终身体育思想。

三、"健康第一"体育教学思想

一般教学科目的主要目标就是使学生掌握一定的理论知识,为以后实践工作打下基础。而体育教学除了具有上述目标,引导学生树立"健康第一"的思想也是另一个重要目标。在此基础上,"健康第一"体育教学思想得以形成并获得了高度认可。

(一)"健康第一"体育教学思想的内涵

传统的体育面向过军事,面向过劳动和生产力,也面向过精神的培养,还面向过竞技。而"健康第一"体育教学思想的提出以及其对体育课程和教学改革的指导,说明体育要面向生活,面向人的健康和幸福生活,面向终身体育。需要注意的是,这里所说的健康绝不只是指学生现在的健康,而是学生一辈子的健康生活、文明幸福生活。"健康第一"体育教学思想可以使终身体育的目标更加明确,并引导学校体育切实为学生现在的和将来的健康维持和健康促进作贡献,纠正"体育为劳动""体育为军事""体育为运动员"等片面性目的。此外,"健康第一"体育教学思想为学校体育教学指明了方向,学生有了良好的健康素质,才能真正实现德、智、美全面发展。因此,体育课程和教学要促进学生健康,增强其体质,要为学生今后的健康生活奠定基础,这就要求体育课程成为学校必修课程,把体育作为素质教育的重要组成部分。

(二)"健康第一"体育教学思想在体育教学中的应用

在体育教学中应用"健康第一"体育教学思想时,要想获得良好的成效,必须做好以下几方面的工作。

1. 要重视培养学生的体育兴趣

在体育教学中,要贯彻"健康第一"的体育教学思想,实现体育教学的目标,推进体育教学改革,最为重要的一点就是培养学生的体育学习兴趣。从目前体育教学改革来看,培养学生的体育兴趣,就是培养学生玩的能力,学生喜欢玩就是有兴趣,不玩就是没有兴趣,这是一种误区。大多数学生对体育表现出浓厚的兴趣，而对体育课却兴趣不大，这里有体育教师的问题，有理论引导的问题，也有教学改革的问题。此外，自发的兴趣每个人都有，自觉的兴趣却不一定，所以，体育教师要重视引导学生的自发兴趣。

2. 要重视改革体育教学的方法

传统的体育教学在教学方法上主要采用的是"刺激—反应—再刺激—再反应"的模式，学生从小学、中学到大学，一直在考试、在达标，致使体育教学应试教育的实质性一直没有改变。而体育教学的主要任务是增强学生体质；使学生掌握体育与保健的基本知识、基本技术和技能，培养学生的体育能力和锻炼习惯；对学生进行思想品质教育，培养学生良好的意志品质，积极发展学生的个性。因此，根据学生的需求，体育教学方法应向娱乐性、探索性、个性化的方向改革。

3. 要不断完善课外活动的机制

对于体育教学活动来说，课外活动是一个重要组成部分。一般来说，课外活动的组织难度较大，所以在体育教学活动实践中，通常被组织难度较小的课外体育比赛所替代。这虽然减小了组织活动的难度，但并不能满足更多学生参与课外体育活动的需要。因此，应健全单项体育俱乐部会员制，制定会员应尽的义务与责任，定期或不定期派教师或相关人士进行讲课、指导、辅导，并通过一般知识传播的手段，真正发挥课外活动的作用。完善课外体育活动机制，有效开展课外体育活动不仅能缓解学生文化学习中身体、精神上的疲劳，更能使学生为维护集体荣誉相互帮助、相互学习，因此这一举措在实现"健康第一"目标的进程中的作用也是不可估量的。

4. 要积极培养学生自觉的健康意识与行为

在学校体育中，体育教学过程应尽量与学生的生活实践有机结合起来，努力培养学生自觉的健康意识和健康行为。

第一，体育课应使学生有一定的负荷量，令其机体受到良好刺激，不应矫枉过正。

第二，应加强课外活动中体育教师的指导力度，成立俱乐部或单项协会，使有兴趣的学生在一起锻炼，增强体育锻炼的效果。

第三，应多开展校际或校内体育比赛，形成节假日时比赛的良好氛围，用丰富多彩的体育锻炼使学生形成"我锻炼、我健康、我快乐"的意识。

第四，学校健康教育课程应具有针对性，应加强营养学、心理学、保健学、环保学、性健康等方面知识的教育。

5. 要切实落实学生体质健康标准

在开展体育教学时，只有严格遵守健康标准，才能真正达到促进学生健康的目的，从而使学生终身健康的意识和行为得到升华。

四、"以人为本"体育教学思想

"以人为本"体育教学思想源于西方的人本主义思潮，后传入我国，成为我国体育教学思想的一个重要组成部分。进入 21 世纪之后，人们对人才是社会发展的核心要素这一观念有了越来越深入的认识，我国一定要在实施科教兴国战略的前提条件下持续加强学校教育的改革深度，保证人与社会的全面发展。在现代社会不断发展的背景下，各级学校应积极贯彻落实科学发展观，坚持"以人为本"的教学思想，这是体育课程改革的必然要求。在新的时代背景下，贯彻"以人为本"的体育教学思想，不仅有利于实现学生的个人价值与社会价值以及体育的健身价值和人文价值，而且能有效地指导体育教学、评估、创新的实施，从而深化学校体育教学改革。

（一）"以人为本"体育教学思想的特点

"以人为本"体育教学思想的特点，具体来说有以下几方面。

1. 有明确的教育目标

"以人为本"体育教学思想指导下的体育教学，必须能够帮助学生发展个性，使他们认识到自己是独特的人类存在，并最终使其发挥自身的潜能，成为一个具有自我选择和判断能力的人，成为一个具有创造能力的人。

2. 教学方法具有非指导性

教育方法的非指导性是指学生自主自觉地学习，这种学习要求学生在相当大的范围内自行选择学习材料，自行安排适合自己的学习情境。需要注意的是，体育教师应帮助学生进行自主学习，真正成为学生自主学习的促进者。

3. 遵循真诚、信任和理解的原则

在教学过程中，为了使学生在自由发展中实现自我，体育教师要以真诚的态度对待学生；对学生充分信任，相信学生的思想感情和具有的独特自身价值，相信他们能够充分发掘自我表现潜能；尊重和理解学生的内心世界，洞察学生的情感及其变化，设身处地地为学生着想。

（二）"以人为本"体育教学思想在体育教学中的应用

在体育教学中应用"以人为本"体育教学思想时，要想获得良好的成效，必须做好以下几方面的工作。

1. 要充分尊重学生在体育教学中的主体地位

传统的体育教学是"以教师为中心、以教材为中心、以课堂为中心"的，它过分地强调教师的主导作用和教师的绝对权威性，而对学生的主体地位和主体作用却视而不见，所以在课堂教学中，学生往往处于"要我学"的被动地位。而"以人为本"体育教学思想要求确立以学生为主体的学校体育，在体育教学中，要尊重学生的人格，维护学生的学习权利，承认学生的个体差异，重视学生的个性发展，注重因材施教，使每个学生都能主动地、生动活泼地进行体育学习，使每个学生都学有所得、学有所成，都能在自己原有的基础上得到发展。

2. 要充分尊重体育教师在教学中的主导作用

在学校体育实践中，教育思想的体现、教材的运用、教法的实施，对学生的启发、引导和控制，都是由体育教师的思想水平、业务水平和工作能力决定的。所以，在体育教学中，体育教师的学识、技能、运动经验、对教学大纲和教材的理解、对教学方法和手段的掌握等都要先于和优于学生，这样才能在教学过程中起到主持和主导作用。

3. 要科学构建体育教学的评价体系

在传统的体育教学评价中，评价的依据是运动技能；在评价内容方面，过多侧重体能素质与运动技能；在评价主体方面，以自上而下的教师评价为主；在评价结果方面，过分强调终结性评价；在评价方式方法的运用方面，注重"量性"，忽视"质性"评价，多采用传统的运动成绩方式，缺少体现最新评价思想的技术和方法。总之，传统的体育教学评价过程比较封闭、静态，缺少灵活性与动态性，从而削弱了评价促进学生发展的作用。而"以人为本"体育教学思想指导下的体育教学要从单一的终结性评价向过程性评价与终结性评价相结合的方向发展，强调过程性评价。评价的内容应向多元评价发展，即包括认知、技术、技能和情感（社会性）三方面内容，而不是单一的技术技能达标考评或健康测验，情感和态度的评价也应受到普遍重视。发展性评价应普遍应用，因为它集中体现了"以人为本""一切为了学生的发展"的教育观念，既考虑学生的过去，又关注学生的现在，更着眼于学生的未来。评价的本质与目的不是甄别选拔、发现问题，而是关注过程、侧重发展，使学生在体育学习中发现潜能，建立自信，发挥特长，不断改进，全面提高。

CHAPTER 02 第二章

高校体育教学现状分析与发展走向探索

在高校教学体系中，体育教学是不可忽视的一个重要组成部分。高校体育教学必须以学生全面发展为中心，牢固树立"健康第一"的指导思想，强化"终身体育"意识，逐步使学生养成终身锻炼的习惯，使教育目标朝着多元化、科学化、人性化方向发展，培养符合社会需要的复合型体育人才，促进《全民健身计划纲要》得到更好的实施。在本章中，将对我国高校体育教学的现状及其未来走向进行深入的分析。

第一节　高校体育教学现状分析

当前，我国各高校都普遍重视体育教学实施。由于高校体育教学会涉及体育教学指导思想、体育教学模式、体育教材内容体系、体育教学方法、体育教学手段、体育教学评价体系等内容，因而在分析高校体育教学的现状时，可具体从以下几方面着手。

一、高校体育教学指导思想的现状

高校在开展体育教学时，必须要以科学的体育教学思想为指导。在当前，高校现行的体育教学指导思想主要是针对提高全民素质健康状况而制定的，即"学校教育要树立健康第一的指导思想，切实加强体育工作"。它指明了学校体育工作的核心已落实到面向全体学生、提高学生的身心健康水平的轨道上来。因此，每一个体育教育工作者应义不容辞地将学生现在和将来的健康放到体育教学工作的首位。近年来，我国高校体育改革取得了较大成就，"健康第一"教育理念和"终身体育"思想观念等已深入人心，但许多高校和体育工作者在教学中贯彻落实这一理念时还存在问题。

二、高校体育教学模式的现状

高校在开展体育教学时，往往要借助于一定的体育教学模式。近年来，我国高校的体育教育工作者基于"面向全体学生"的理念，牢固树立"健康第一"的指导思想，在为终身体育打下良好基础等方面进行了全方位探索，涌现出"愉快体育""成功体育""俱乐部体育"等体育教学模式，为高校体育教学改革提供了成功的经验。但是，这些教学模式没有特定的操作流程，未形成成熟的教学模式。目前，我国成熟的体育教学模式仍然是单一的主智主义体育教学模式。

三、高校体育教材内容体系的现状

高校体育教学的指导思想，会对高校体育所开设的课程及课程的教学状况产生重要的影响。当前，随着全球性教育改革浪潮一浪高过一浪的发展，广大体育工作者都在积极探索和制定适应 21 世纪高校发展的体育教学和课程体系，虽已取得了显著成果，但仍滞后于其他学科的发展。而且，在体育课程设计及教学内容上，由于受竞技体育思想的束缚，仍没有摆脱过去单一死板的、以竞技为主的教学模式，没有把素质教育和健康教育落实到体育教学中，只是一味追求教学内容的变化和教学形式的变更。同时，由于当代大学生在身体形态、机能、爱好、观念等方面发生了许多变化，不少教学内容已不能满足他们自身发展的需要，使他们不愿自觉参加体育锻炼，这一点应引起广大体育教学、训练工作者的高度重视。

四、高校体育教学方法的现状

自 20 世纪末期起，世界教育变革的着眼点开始发生变化，即从单纯重视"教"转化为同时重视"学"。在此影响下，"教法""学法"和"学习"问题成为现代教育研究的核心问题。因此，正确处理教与学、学与用的关系，是实现教学目标的主要途径。没有教育的学习，只能是盲目的失误；没有学习的教育，只能是独断的强制。只有教育与学习统一互动，从多方面、深层次理解"教学相长"的内涵，才能体现人类学习的自由本质。当前，高校体育教育虽然已意识到教与学的关系以及"教学相长"的重要性，但在具体的体育教学过程中并未对此进行有效贯彻，最鲜明的表现便是在体育教学过程中往往忽略了学生的个性发展，呈现出"教师教什么，学生就学什么，最终只会什么"的尴尬境地，严重制约了学生创新意识和创新能力的发展。此外，体育教学方法的启发性、创新性、主动性不够明显，这也在一定程度上导致体育教学无法取得良好的成效。

五、高校体育教学手段的现状

当前，我国大多采用单一的、传统的体育教学手段，缺少新颖性。这与高校体育教师对现代教学手段缺乏了解，教育观念落后，过于强调课堂纪律、运动量与密度、手段的应用等有一定的关系。而体育教学手段的单一性和传统性，严重制约了我国体育教学质量的提高和教学水平的提升。因此，必须重视丰富、完善和创新高校体育教学手段。

六、高校体育教学评价体系的现状

在开展高校体育教学时，要想促进体育教学质量和水平的不断提升，必须要重视体育教学评价。在当前的高校体育教学中，对大学生的身体素质与体育课成绩的评价，虽然经过体育教育工作者的不断改革、完善而取得了一定的成绩，但仍普遍存在一些问题，如考试的指导思想、考试的形式、考试的内容等方面与素质教育理念极不相符，实行一个标准、一个内容、一个要求，不能充分满足大学生的个性需求，也不能对大学生的能力和水平予以客观、公正的反映，从而对大学生的全面发展和个性需求满足造成了严重制约。此外，体育教学评价也不够全面，尤其是对学习态度、情意表现和合作精神等内容的评价较缺乏。因此，今后还需要进一步对高校体育教学评价的体系进行完善与优化。

第二节　高校体育教学存在问题分析

随着我国体育运动的不断发展，高校体育教学也受到了越来越多的关注，不论是体育教学环境、体育教学设备还是体育教师的综合素质都得到了明显的改善和提高，但仍存在不少的问题，如体育课程设置缺乏创新性、体育教学方法和手段单一、体育教学评价体系不合理等，严重制约了高校体育教学的进一步发展。因此，必须正视高校体育教学存在的问题，并积极采取有效的措施对其进行解决，以促进我国体育教学质量和水平不断得到提升。具体而言，当前我国体育教学存在的问题主要有以下几个。

一、高校体育教学中传统教学理念仍在影响实际教学

我国高校在开展体育教学时，传统的教学理念注重的是围绕向学生传授体育知识、理念以及技能来展开的课堂教学，以提高学生的身体素质为主要任务。很明显，这样的高校体育教学理念忽视了对学生体育意识能力及习惯的培养。因此，在这种教学理念指导下开展的高校体育教学，只能是教会学生动作的模仿能力，而不能使其充分了解体育运动的内涵所在，不能培养学生体育锻炼的能力，使得学生在脱离课堂之后便无法正确开展体育锻炼。

虽然说在经过多次的高校体育教学改革后，体育教学理念得到了不断丰富与完善，但传统的教学理念仍然会对实际的体育教学产生负面影响，从而导致学生轻视体育课，造成他们走向社会之后仍然不能长期坚持进行体育锻炼，身体素质不断下降。

二、高校体育教学中存在教学交往缺失

教学交往是一种促进师生间沟通交流的基本活动，可以帮助师生知晓彼此的想法、知识和技能等，从而更好地促进自身的发展，提高自身的整体素养。对高校体育教学的现状进行分析可以发现，高校体育教学中仍然存在着较大的师生交流问题，许多体育教师在教学过程中忽视了教学交往的重要作用，导致学生无法更好地掌握体育知识和技能，高校体育教学目标也无法得到有效实现。

（一）教学交往在高校体育教学中的重要性

教学交往在高校体育教学中有着十分重要的作用，具体表现在以下几个方面。

1. 教学交往影响着高校体育教学的成效

高校体育教学的成效，会受到教学过程中教学交往状况的影响。师生在教学过程中的良好交往，既可以提高师生之间的信任感，也可以让体育教师在学习生活中及时地了解学生的思想，知晓学生面临的问题及存在的困惑，认识到学生的需求，从而更有针对性地开展体育教学活动，确保体育教学目标的有效实现。此外，在高校体育教学中，教学交往实际上就是要学生和教师互相沟通、理解，使师生之间达成学识和思想上的一致，以便更好地进行体育教学工作。而体育教学

工作的顺利开展，能够确保高校体育教学取得良好的成效。

2. 教学交往影响着高校体育教学模式的效果

我国传统的教学模式是坚持以教师为主体，这种模式禁锢了学生的思想，只顾跟着教师的思路走，遏制了学生的创新思想。而高校体育教学中的教学交往则能够弥补传统教学模式的这一不足。教学交往主要是通过师生之间的和谐互动展现出来，在这种互动的过程中，师生之间会形成良好的关系，共同打造和谐的教学环境。在这种气氛下，学生能够将创新精神展现得淋漓尽致，在相互学习、相互尊重中创造出更加适合学生和体育教师施展才华的教学模式，不断完善传统的教学模式。

3. 教学交往影响着高校师生关系的有效构建

在开展高校体育教学时，教学交往的状况在很大程度上决定着师生之间能否形成良好的关系。高教体育教学中的教学交往要求师生在不违背道德准则和学校规则的情况下，在课堂上要保持相互平等的态度。无论是在学识的发表上，还是在权利的行使上，体育教师与学生之间都要相互尊重、相互欣赏。体育教师和学生都要谦虚地对待彼此所掌握的知识和技能，相互交流学习的经验，创造一种全新的学习环境。在此基础上，就能够促进师生之间形成和谐的关系。

（二）高校体育教学中教学交往缺失的原因

当前，较多高校的体育教学中都存在教学交往缺失的问题。而这一问题的出现，主要源于以下几方面。

1. 高校体育教学内容的现状导致了教学交往的缺失

对高校体育教学的内容进行分析可以发现，当前教学内容的重点仍然是对体育知识和技能的掌握。在这种教学内容的制约下，学生只得在体育教师的安排和指导下进行训练，师生之间的互动很少。也就是说，学生只能学习体育教师讲授的知识和技能，而无法与体育教师交流自己对体育这一专业的看法。如此一来，师生就无法互相了解、无法交换学习中的意见，这导致师生之间无法形成新的思想，也就导致了高校体育教学中教学交往的缺失。

2. 高校传统的体育教学模式导致了教学交往的缺失

当前，很多高校在开展体育教学时仍然采用的是传统的体育教学模式。在传统的体育教学模式中，教学一般都是以体育教师为主体，体育教师会认为学生应当按照自己的模式进行学习，体育教师误将自己放在了教学过程中的主导地位上。在这种情况下，体育教师基本上无法意识到自己已经忽视了与学生进行教学交往，使学生失去了对学习的主动性和积极性，使学生不能按照自己的意愿学并无法对教师的教学进行质疑。如此一来，师生之间便会产生较大的隔阂，导致高校体育教学无法达到预期的成效。从这一角度来说，高校传统的体育教学模式导致了教学交往的缺失。

3. 高校大学生的自身状况导致了教学交往的缺失

高校大学生在参与体育教学时，大致会存在两种心态。一种心态是以自己为中心，不愿意受到传统的教学模式的束缚，比较活跃，对实践课程更感兴趣。这种学生喜欢创新，喜欢与教师沟通交流，这就有利于教学交往的形成。另一种心态是以体育教师为中心，处处跟随体育教师的脚步，服从体育教师的安排，不愿意与体育教师互动、交流，对实践活动的兴趣也不是很大。在这种学生与教师关系之间，就很难形成良好的教学交往。因此，大学生的自身状况也是导致高校体育教学中教学交往缺失的一个重要原因。

(三) 高校体育教学中教学交往的有效构建

在高校体育教学中，教学交往有着十分重要的作用，因而必须重视教学交往的有效构建。而在具体构建高校体育教学中的教学交往时，可以采取以下几个有效的策略。

1. 有效培养学生的积极表现能力

有效培养学生的积极表现能力，对于高校体育教学中教学交往的构建有着积极的作用。具体来说，在高校体育教育过程中，要注意帮助学生养成大胆说出自己想法的素质。教学过程完全是围绕着学生进行的，学生在教学过程中占主体地位。要想营造一种良好的学习氛围，就必须锻炼学生在教学过程中大胆发言、积极表现的能力，使他们能够针对体育教师的教学提出自己的意见，敢于质疑体育教师的观点，并在与体育教师的相互讨论、互动后，找到共同的观点和解决办法，激发对学习的兴趣。

2. 积极引导学生进行自我评价

积极引导学生进行自我评价，对于高校体育教学中教学交往的构建有着积极的作用。具体来说，在高校体育教学中，体育教师应该注意对学生的学习行为的评价，同时体育教师应给学生自我评价的机会，让他们正确看待自己的行为方式和思想道德修养。此外，在高校体育教学的过程中，体育教师应注意引导学生发现自身行为的不足，并找到相应的改善措施，使学生接受体育教师的评价及体育教师提出的改正方法，反思自己的学习和行为，提高自身的整体素养。

3. 体育教师要引导学生与自己一起探索体育知识

在高校体育教学中，体育教师在向学生讲授体育运动的动作和技能时，要学会使用多媒体设备，让学生更加熟练地掌握动作的技巧，增强学生对学习的积极性，让学生在学习过程中自我思考、自我探索，在遇到难以解决的问题时能够及时地与体育教师交流，并向体育教师提出自己的观点，同体育教师一起探索学习的奥秘，促进教学交往在高校体育教学中的深入。

三、高校体育教学中课程设置不够合理

对于高校学生而言，只有在充分学习体育理论知识的基础上，进一步将所学知识和实践相联系，才能真正获得体育知识，掌握体育技能。为此，高校必须重视对体育教学课程的合理设置。但是，对当前我国高校体育教学的课程进行分析可以发现，其仍然受到传统课程体系的基本框架的影响，教材缺乏特色，且教学内容和形式陈旧、教学顺序单一，导致学生在体育课的学习上缺乏兴趣。虽然通过多次改革探索后，高校体育教学的课程设置得到了不断优化，但由于体育课受到场地、器材、师资等多方面因素的限制，一些现代健身体育活动内容依旧无法充分地融入现代高校体育教学中。此外，当前高校体育教学的课程设置受传统思想教学的影响也较大，导致其教学的学科化气氛较浓，无法使学生在体育课堂上感受到体育运动原有的欢悦和刺激，继而使他们逐渐对体育课丧失兴趣。

四、高校体育教学的方法过于单一

高校体育教学在教学方法上，依然表现为讲解、示范、练习、纠错等传统的方式。这样的教学方式对于体育知识、技能的学习是有益的，但对学生学习态度及参与、心理与社会适应能力的提升，以及学生学习的主动性、创造性的提升等方面可发挥的作用不大。我们必须清楚地认识到，面对新的形势，高校体育教学的理念和目标已经发生了改变，在运用传统教学方法的同时，还需结合现代提倡

的教学方法，以适应新形势下的高校体育教学的要求。因此，广大高校体育教师必须进一步转变思想观念，要在继承发扬传统体育教学方法长处的前提下，不断运用现代体育教学的方法，不断创新体育教学方法，更好地为高校体育教学的开展和学生身心的全面健康服务。

五、高校体育教学所需的设施不够完善

高校在开展体育教学时，需要以相应的体育教学设施为支撑。没有体育教学设施，即使体育教师的理论再生动、再形象，也无法让学生充分体会到体育运动的乐趣。

各个高校对于体育教学所投入的基础建设资金较少，导致很多体育教学课程中必备的基础设施不完善，因而在当前，体育教学设施的缺乏已经成了大多高校所面临的一项重大难题。据统计，从我国多所高校的体育设施拥有现状来看，除了少数重点高校，其余大部分在体育设施方面都存在配备严重不足的情况，仅有的几项体育设施也相对落后，场地也较为紧张。这种情况不仅影响了体育教师对教学的积极性，也无法满足学生身心发展的需要，体育教学质量也深受其影响。因此，未来在进行高校体育教学改革时，必须将体育教学设施的配置作为一项重点工作来抓。

六、高校体育教师的综合素质偏低

高校体育教学相比其他学科的教学来说，并未得到充分的重视，这使得高校领导在选择体育教师时相应地降低了标准，导致高校体育教师的综合素质偏低。具体而言，高校体育教师的综合素质偏低表现在以下五个方面。

第一，在我国众多高校中，大多数的体育教师的学历都是本科，拥有硕士和博士学历的体育教师占比小。

第二，大部分高校体育教师的思想观念是比较落后的，仍然停留在促进学生身体健康以及掌握运动技能的传统阶段，因而无法更好地开展体育教学活动，导致体育教学无法收到预期的成效。

第三，很多高校体育教师的表达能力较差，在体育课程讲授之时，无法清晰地表达自己心中所想，这也严重影响了师生之间的沟通及体育教学的效果。

第四，在许多高校中，体育教学研究方面的工作往往被安排在其他学科的后面，是被忽略和冷落的一门学科，这样必然会制约体育教师创新能力的发挥，使

许多教师安于现状，在实际教学过程中仍墨守成规，导致他们的教学工作与日益快速发展的社会脱节。

第五，很多高校缺乏完善的体育教师评价体系，这导致很多体育教师在讲授课程时态度十分松散，以求蒙混过关，对体育课程的教学效果产生了严重不良影响。

七、高校体育教学评价的内容与标准过于单一

高校体育教学评价的内容与标准过于单一，也是当前我国高校体育教学面临的一个重要问题。高校在制定体育评价标准时，往往将传统的跑得快、跳得高、跳得远等内容作为标准，而忽略了体育本身所具有的健康性和社会效能。体育成绩的评定，从内容上说对于身体素质和运动技能的评价较多，忽视对体育参与态度、情意表现与合作精神；从方法上说仍然以终结性评价为主体，过程性评价指标的确立不够精准、内容的记录不够详尽，不能够真正反映学生的学习情况。

八、高校体育教学的管理水平偏低

高校体育教学的管理状况，对高校体育教学的开展也有着重要的影响。就当前而言，我国高校体育教学的管理水平从总体上来说是偏低的。为此，必须积极采取有效的措施来提高高校体育教学管理的水平。

一般来说，高校体育教学管理的内容主要包括教学计划管理、教学质量管理、教学档案管理以及教学秩序管理等方面。管理人员只有将这些工作充分做到位，才能够确保教学系统正常运转，才能为高校体育教学营造良好的环境和活动氛围，从而促进高校体育教学的发展。

第三节　高校体育教学发展趋势与未来走向分析

高校体育教育是高校教育的重要组成部分，与德育、智育、美育、劳动教育等内容相结合，肩负着培养"知识经济"时代所需要的高素质人才的社会使命。同时，高校体育也是国民体育的重要组成部分，是社会体育和竞技体育的基础，影响着国民的整体素质。因此，高校体育教育在未来会受到越来越多的关注。与此同时，高校体育教育会日益重视进行改革，以更好地实现其功能。具体来说，高校体育教育在未来会呈现出以下几种发展趋势与走向。

一、高校体育的教学目标将不断优化

随着高校体育教学的不断发展和变革，高校体育教学的目标也将发生一定的变化。因此，在未来要想促进高校体育教学的进一步发展，就必须重视对体育教学目标的优化。具体而言，在未来优化高校体育教学的目标时，将呈现以下几种趋势。

（一）将学生的身体健康放在第一位

随着社会经济和政治水平的不断提高，人们生活水平和文化水平也发生了不同程度的变化，也越来越认识到健康的体魄是从事一切活动的前提和条件，因而愈发重视身体健康。

大学生正处于生长发育的关键时期，身体的可塑性最强，为他们打下良好的体质健康基础，不仅是他们在学生阶段完成学业的需要，也是他们终身健康的需要。因此，为提高大学生的体质健康水平服务的高校体育，应在具体的开展过程中坚决贯彻"健康第一"的指导思想，切实提高学生的整体健康水平。

（二）终身体育会成为长远目标

随着社会生活节奏的不断加快，人们的生活与工作压力不断增大，从而导致亚健康问题变得日益普遍。但是，整个社会对身体健康的人才的需求程度却是越来越高的。由于体育锻炼能够增强人们的体质、陶冶情操，并促进一些良好习惯的养成，促进机体的健康发展，在此影响下，终身教育与终身体育思想在我国得到了广泛的传播与认同。

对于高校来说，在未来发展体育教学时，也必须将终身体育作为一个长远目标，并积极采取有效的措施来落实这一目标。比如，在开展高校体育教学时，要从单纯追求学生的外在技能水平转移到全面追求学生身心协调发展上来，即打破以运动技术传授为主线的教学体系，建立起合理的以运动实践为手段，全面增强体质，发展身体活动能力，传授体育文化，培养体力能力和锻炼习惯的统一协调发展的新体系。又如，在开展高校体育教学时，既要通过体育教学完成在校期间对学生身体形成、技能培养、知识传授等方面的任务，又要着重培养学生对体育的兴趣、爱好、习惯和能力，为其终身参加体育打下基础。

（三）日益重视培养学生的兴趣

大学生是高校体育教学中的主体，大学生的兴趣大小会对高校体育教学的效果产生直接的影响。因此，只有积极培养大学生的学习兴趣，才能最大限度地提高大学生参与体育教学的积极性和主动性，从而促进教学目标的实现。基于此，高校在未来开展体育教学时，必须更加强调尊重和培养大学生的个性，满足大学生的学习兴趣，促进其愉快学习动机的形成。

这里还要指出的一点是，营造有利于学生自觉、主动地参加体育活动的轻松、愉快的教学气氛，建立一种可以形成"愉快体育"和"成功体育"的教学环境，对于培养学生的体育兴趣也有重要帮助。

（四）日益重视培养学生的自主性

高校在开展体育教学时想要获得良好的成效，就必须充分尊重和发挥学生的主体地位。这是因为，任何一项高校体育活动都只有在学生的积极主动参与下才能完成，并取得良好的成效。因此，高校在未来开展体育教学时，必须将培养学生的主体性作为一个重要的教学目标，从而积极培养学生的主观能动性，切实丰富学生的体育运动知识储备，提高学生的体育运动技能水平。

（五）日益重视提高学生的心理健康水平

在当前，随着社会发展的不断变化以及人们生活方式的不断改变，社会对人才的需求也在原有的基础上进一步提高，即要求人才不仅要具备健康的体魄、专业的知识储备和经验，还应具有健康的身心，以便更好地适应社会。因此，高校在未来开展体育教学时，必须将增强学生的心理健康水平作为一个重要的教学目标。事实上，提高学生的心理发展水平不仅是提高学生整体健康水平的一个重要方面，而且是现代社会对学校体育提出的一项新要求。

（六）日益重视促进学生的全面发展

随着人们文化水平的逐渐提高，越来越多的人逐渐地认识到体育教学的功能，体育教学的目标也随之发生改变。比如，较为注重其育人功能，在教学的过程中，引导学生感受体育教学的乐趣，通过各种各样的教学活动，促进学生身体、心理及社会心理等各方面的协调发展。由此可见，今后的高校体育教学目标将日益重视促进学生的全面发展。

(七) 日益重视培养学生的创新能力

社会前进的步伐驱动着素质教育不断深入发展，具有创新能力的人才越来越得到社会的重用。在此影响下，高校体育教学的目标也发生了一定的改变，即日益重视培养学生的创新能力。事实上，高校体育教学是一项能使学生身心同时参与的综合活动，在培养学生的创新能力上有着其他课程所不可替代的优势，在培养 21 世纪高素质的创新人才方面有着举足轻重的作用。

二、高校体育教育会日益重视为学生提供多样的选择和发展方向

高校在未来发展体育教育时，会日益重视为学生提供多样的选择和发展方向，以有效满足不同层次学生的体育需求。而要实现这一点，就必须重视不断完善高校体育的课程。

我国教育部为高校制定了指导性大纲和统一的课程标准，而大部分发达国家都没有为高校制定这种大纲，这说明我国和发达国家在高校体育教育方面最大的区别就在于统一下的灵活和完全自主性。在过去计划经济体制下，我国体育课程与体育教学，基本上是由国家统一制定和颁发《体育教学大纲》，规定统一的教学目标、统一的教材内容、统一的考核项目与评分标准。其选择性只局限在"选修教材"中。因此，各地各校可做选择的余地很小。而在近年来的体育改革中，我国试行了国家、地方和学校三级课程管理体制。国家只制定课程标准，而地方和学校完全可以根据自己的教学条件和特点来自行选择，使体育课程的实施更符合各地各校的实际。正是由于加大了体育课程的选择性，各地区和各学校只要遵循《课程标准》规定的"选择教学内容的基本要求"，就完全可以根据自己所具备的课程资源、地理条件、气候特点、体育传统等方面，独立自主地选择符合自己实际的、广大学生感兴趣的体育课程内容与课外体育活动及训练内容，使学校体育呈现出特色。

三、竞技体育仍是高校体育发展的核心

竞技体育是社会体育文化的重要组成部分，同时由于体育观念的差别，各国学者对竞技体育的认识与观点大不一样。其中，比较有代表性的观点有两种：一种是竞技和体育逐渐分离的观点，如日本体育社会学家提出的，现代竞技运动的

发展脱离了体育的本来目标，高强度的负荷和高难度的技术影响了人身心的正常发展，使一部分人产生了对竞技的厌恶感，因此提出了对竞技运动的反向思维；另一种是竞技和体育合流的观点，如德国在 20 世纪 70 年代把体育课改成了运动课，认为在与自然环境和人进行抗争的游戏和竞赛均是竞技，竞技既包含高水平的竞技，也包含大众竞技。

就我国来说，竞技体育的发展不仅能促进我国体育事业的发展，而且对我国社会建设有着重要的精神层面的意义。因此，我国特别重视竞技体育在高校体育教学中的作用。高校中的竞技运动教学，能够培养学生的运动兴趣，提高学生的运动技能；能够培养学生积极进取的人生态度，促使学生学会建立良好的人际关系；能够增强学生的竞争意识、团队意识、责任感，提高学生的协作能力和心理调节能力。此外，在高校发展竞技体育是校园文化建设的需要，是推动群众性体育活动开展的需要，是丰富学生课余生活的需要，是开展国内外校际体育交流的需要，更是提高学校知名度的需要。因此，在高校体育未来的发展中，竞技体育仍是发展热点。

高校在发展竞技体育时，要想获得良好的成效，真正培养出优秀的体育人才，就必须做好以下几方面的工作。

第一，高校要切实依据大学生的身心发展特点来开展竞技体育，以便大学生有参与到竞技体育中的可能性。

第二，高校要重视组织或参加大型竞技体育比赛，这既能够提高学校的知名度，也能够吸引更多的大学生参与到竞技体育中。

第三，高校要积极制订有效的措施来保证竞技体育的有效开展，并要重视提高体育教师的专业技能水平。

四、高校体育教育会日益朝多样化的方向发展

在未来，高校体育教育会日益朝多样化的方向发展，这主要是通过以下几个方面表现出来的。

(一) 学生的体育需求日益多样化

由于不同的学生具有不同的体育需求，而且同一学生的体育需求也是多种多样的，如有健身需求、健美需求、娱乐需求、发展体育特长的需求、调节身心的需求等。因此，高校体育教育在未来的发展中，应着眼于满足全体学生的体育需求，采用个性化的体育教学方式。

（二）高校体育教育的内容会日益多样化

学生体育需求的日益多样化，要求高校体育在未来的发展中，其体育教育内容也应向着多样化的方向发展。

第一，能反映时代特征的现代体育项目会越来越受到大学生的青睐，如足球、篮球、跆拳道、攀岩等。此类项目极富挑战性，有利于发展大学生的个性，符合大学生的身心特点，能较好地满足大学生实现自身价值和加强社会交往的需求。

第二，休闲体育项目会越来越受到大学生的喜爱，如网球、台球、乒乓球、羽毛球、轮滑、滑板等。此类项目娱乐性强，技术含量高，运动量可大可小，能较好地满足学生愉悦身心的需求。

第三，个体健身类的体育项目会越来越受到大学生的关注与喜爱，如健美运动、健身操等。此类项目可以个人为单位进行锻炼，受制因素少，校内校外都可进行，简便有效，能较好地满足大学生的健身需求。

第四，民族、民间体育将进一步被开发，如以武术为代表的民族传统体育及跳绳、踢毽子、荡秋千、爬竹竿等民间体育，将作为学校体育资源与体育课程资源被广泛开发与利用，以满足大学生的健身、娱乐等多种需求。

（三）高校体育教育的组织形式会日益多样化

随着高校体育的发展及大学生体育自主意识、终身体育意识的不断增强，高校的体育教育组织形式特别是课外体育的形式必将发生相应的变化，并会呈现出多样化的发展趋势。其中，大学生体育社团和大学生体育俱乐部将成为未来高校体育教育最为重要的组织形式。

在高校的社团构成中，体育社团是一个重要的组成部分。体育社团是由学生自己组织、自己管理、自由参加的群众性体育团体，一般由学生会、团委出面发起组织，得到学校体育教研部（室、组）的支持和指导，大都以单项体育协会的形式出现，如篮球协会、游泳协会、网球协会、健美协会等。学生根据协会章程，自愿报名参加，民主选举管理人员。这种高校体育组织形式已在高校普遍出现，在未来的发展中将不断得到优化与完善。

所谓大学生体育俱乐部，就是以在校大学生和教育者为体育活动的主体，在校园内外进行的各种体育训练、健身、体育娱乐休闲、体育文化交流等体育教育活动的团体和场所。为了适应大学生的不同体育需要，各高校将根据自身的条件，组织多种多样的体育俱乐部。这些体育俱乐部大致可以分为两大类：一类是以发展学生体育特长、提高运动技术水平为目的的竞技体育俱乐部；另一类是以健身、休闲、娱乐为目的的群众性体育俱乐部。在一些发达国家，体育俱乐部的形式已十分普遍。

除了以上几点，高校体育教学模式、高校体育教学方法、高校体育教学评价等方面也会向着日益多样化的方向发展。

五、高校体育教育会日益走向课内外与校内外一体化

现代课程论认为，课程的实现需要借助一定的活动，而且所借助的活动既要有课内活动，也要有课外活动。因此，高校在未来开展体育教育时，既要重视课堂教学，也要认真组织好课外与校外的多种多样的体育活动，以满足学生多方位的发展需要。为此，高校在未来开展体育教育时，必须做好以下两方面的工作。

（一）要对各种体育课程资源进行充分开发与利用

高校在对各种体育课程资源进行开发与利用时，必须做好以下几方面的工作。

第一，在人力资源方面，除了体育教师，班主任、辅导员、有体育特长的其他学科教师、校医，以及体育特长生等人员都应被动员起来，充分发挥他们在学校体育中的作用。

第二，在课程时间方面，除了课程计划规定的教学时间，早晨、课间、课外、双休日、节假日的时间都应得到合理的利用。

第三，在课程空间方面，体育课程应拓展到家庭、社区、体育俱乐部，以及江河、湖海、田野、山林、草原、沙滩等一切可以用来进行体育锻炼的地方，以为学校体育课内外与校内外一体化的发展提供可能。

（二）要将野外生存与拓展训练作为体育教学的一个热点

野外生存是指在远离居民点的山区、丛林、荒漠、高原、孤岛等野外环境中，在不完全依靠外部提供生存、生活的物质条件下，依靠个人、集体的努力维持生命、维持健康生活能力的训练。拓展训练是指在自然地域，通过模拟探险活动进行的情景式心理训练。野外生存与拓展训练利用奇、秀、峻、险的自然环境，通过独具匠心的设计，在参与者解决问题和应对挑战的活动过程中，达到磨炼意志、陶冶情操、完善自我的目的。野外生存与拓展训练对于培养人的生存生

活能力、心理调节能力、意志力与团队精神等具有特殊的作用。

对于大学生来说，野外生存与拓展训练具有很强的趣味性和冒险性，是他们所需要和向往的，能够有效提高其挑战困难和解决问题时的心理素质，还能有效培养其审美水平和环保意识，从而全方位地促进自身的发展。因此，在高校体育走向校外的过程中，野外生存与拓展训练应成为高校体育教育的一个热点。

六、高校体育教育会日益重视体育形象的构建

教育从本质上来看，是为个人服务的，必须满足社会和国家的需要。国家对于任何人而言都有着特殊的意义，学生也不例外。因此，在高校体育教育中，体育教师应始终重视对学生进行爱国主义教育，使学生在头脑中构建出健康的体育形象，并认识到体育形象构建对国家形象构建的重要性。

当前，关于体育形象的界定还不完善，也未形成一致的观点。一些学者将体育形象简单地界定为"体育活动发展的客观事实直接塑造的形象"。这种界定虽使受众对体育形象有了直观明了的认识，但并不全面。事实上，体育形象是一个综合体，是国家体育的内、外部公众对一国竞技体育、大众体育、体育体制等内部要素及其在国际体育大赛取得的成绩所给予的评价与认定。

未来，高校必须重视培养学生对体育形象构建的认识，促进体育形象对国家形象构建的推动作用。

CHAPTER 03 **第三章**

高校体育教学过程的优化策略研究

　　高校体育教学是通过有目的、有计划、有组织地向学生传授知识和技能，促进学生体力与智力的发展，培养学生良好的个性与品德的一种教学方式。由于高校体育教学的过程、内容、方法、组织、评价、环境及模式等方面在很大程度上影响着高校体育教学的效果。因此，必须在明确高校体育教学过程的基础上，重视对高校体育教学的内容、方法、组织、评价、环境及模式等方面进行优化，以确保高校体育教学在不断取得良好成效的同时，切实促进学生综合素质的不断提高。

第一节　高校体育教学过程概述

　　过程是人类从事各种活动必须存在的阶段，任何活动都是以过程的形式存在和发展的。对于高校体育教学来说，教学过程也是一个不可忽视的环节。因此，必须重视对高校体育教学过程的研究。

一、高校体育教学过程的含义

　　高校体育教学过程是高校体育教学的中心枢纽，也是一切高校教学活动的表现。所谓高校体育教学过程，就是为了实现高校体育教学目标而进行的有计划的组织和实施，并注重完成知识和技能的传授，帮助学生获得体育相关知识和技能的过程。高校体育教学过程的开展情况会对高校体育教学的质量产生重要的影响。

二、高校体育教学过程的性质

　　高校体育教学是高校体育教师教和学生学相互统一的活动过程，在这一活动中存在着两种过程，即体育教师教授各种体育技术的过程和学生的学习过程。它们并不是孤立地存在于体育教学过程之中的，而是相互依存、相互作用，彼此之间紧密联系着的。对高校体育教学过程进行深入分析，可以发现其具有以下几个性质。

（一）高校体育教学过程是大学生掌握运动技能的过程

在教授任何一种知识或技能时，都必须经过一个严谨且有序的教学过程，并且每一种教学过程有其相对应的意义。一般来说，知识类学科的教学过程主要使学生识记概念以及运用判断、推理等思维方式帮助学生掌握学科所需的知识、发展智力，而体育教学是通过不断地引导学生进行身体练习，帮助学生掌握运动技能，同时促进学生身心健康的发展。因此，高校体育教学过程的性质之一便是大学生掌握运动技能的过程。

（二）高校体育教学过程是学习知识和形成运动认知的过程

高校体育作为一门学科，会涉及较多的内容。因此，在开展高校体育教学时，既要求学生能够对运动技能进行良好的掌握，又要求学生能够获得一些与体育相关的知识和运动认知。就认知理论而言，这也是学生掌握运动技能和提高运动素质的基础。有很多的体育运动会使学生在运动的过程中提升反应能力，通过动作的反复练习增强学生的体能及智力，因此学习过体育运动的人和没有学习过体育运动的人在认知的发展上存在着明显的差异。由此可见，体育教学的过程在某种程度上而言，就是学习知识和形成运动认知的过程。这就要求在开展高校体育教学的过程中，必须重视体育知识的传授，并要帮助学生更好地对体育运动进行认知。

（三）高校体育教学过程是提高学生运动素质的过程

运动的开展，离不开肌肉群的支持。因此，学生在参与体育运动的过程中，其肌肉群的运动素质也会得到有效的提高。从这一角度来说，高校体育教学过程也是提高学生运动素质的过程。这就要求在开展高校体育教学时，要通过合理的运动项目安排、合理的运动负荷量安排来促进学生运动素质的提高。

（四）高校体育教学过程是学生体验运动乐趣的过程

体育运动在促进学生身体素质增强的同时，也能够促进学生心理健康发展。

这是因为，学生参与体育运动的过程实际上是体验运动乐趣的过程。这种运动乐趣既是运动本身所带有的一种性质，也是学习体育课程的基础和条件，更是培养学生终身体育意识的基础。因为在文化课的教学过程中，学生的肢体语言、空间感和交流的自由感等方面都是受限的，但是在体育课堂上，这些限制就被冲破，使学生能充分地体验自由交流的乐趣，体验放大的空间带来的满足感，甚至还能体验到运动为自己带来的成就感。

（五）高校体育教学过程是学生之间相互交流和学习的过程

在开展高校体育教学时，最常用的便是集体教学形式。这是因为大多数的体育运动都是由集体或是小组共同完成的，包括体育学科知识、技能，甚至是体育运动素养的养成都需要建立在集体的平台上。随着体育教学的不断改革，当今社会对体育教学的要求也逐渐趋于集体性，以便充分发掘集体教学过程中的潜在作用。集体教学活动本身能够促进学生之间、学生和教师之间的互动和交流，培养学生的集体主义精神，提高学生的社交能力。从这一角度来说，高校体育教学过程是学生之间相互交流和学习的过程。

三、高校体育教学过程的规律

在开展高校体育教学时，要想获得良好的成效，必须要掌握高校体育教学过程的规律。通常认为，高校体育教学过程的规律可以分为一般规律和特殊规律两部分。

（一）高校体育教学过程的一般规律

高校体育教学过程的一般规律，具体来说有以下几点。

1. 社会制约性规律

高校体育教学虽然不同于其他学科的教学，但其从本质上来说还是一种教学活动。因此，在开展高校体育教学时，必然会在一定程度上受到社会的物质、文化条件，特别是社会教育目标及其内容的制约。社会制度、国情不同，高校体育教学的目标、内容和形式等方面也会有较大差异。就我国而言，在开展高校体育教学时，必然会受到我国国情和高校体育教学现状的影响。

2. 认识事物的规律

在开展高校体育教学时，必须遵循辩证唯物主义的认识论。人们在对任何一种事物进行认识时，首先需要感知事物存在的现象。人靠着感觉器官，建立了与外部世界环境的联系，然后通过抽象思维，从感性认识提高到理性认识，找出事物的本质，揭示事物发展的规律，最后形成科学的概念，并通过实践去验证这些概念。

高校体育教学是学生的一种特殊认识过程，因此，学生在学习和掌握体育知识、技术和技能的过程中，也必须遵循认知活动的规律。这是因为，体育教学是一门相对而言较为复杂的学科，它要求学生在学习的过程中要将感知、思维和实践三个环节紧密地结合起来。感知是学生认识事物的开始，也是学生学习的基础，只有将事物的表象在学生的头脑中建立起来，才能进行知识和技能的传授；思维是形成理性的认识、掌握运动技能的关键；实践是对体育知识和技能的巩固，是知识应用和技能提高的必经之路。体育教学是一门实践性极强的学科，侧重于技能的传递，因此在教学的过程中，也必须遵循认识事物的规律，如在进行跳远这项运动技能的学习时，首先使学生认识什么是跳远，这是感知的阶段，然后学生在清楚跳远的基础上，运用思维思考如何才能跳得远，再进行反复的实践练习，最终掌握跳远的方法，这反映了教学过程中学生认识事物的客观规律。

3. 学生身心发展规律

高校体育教学的对象是大学生，而大学生是一个不断成长的个体，其身心发展具有一定的规律性。因此，在开展高校体育教学的过程中，必须充分考虑到大学生的身心发展规律。只有这样，才能确保高校教学过程中的各种因素符合大学生的接受能力和体质状况，从而在实现教学效果的同时，促进学生身心的全面、健康发展。

4. 教育、教养和发展相统一规律

在开展高校体育教学的过程中，遵循教育、教养和发展相统一的规律也是十分重要的。具体来看，在开展高校体育教学的过程中，既要教授学生相关的体育知识和技能，又要注意提升学生的思想境界、精神面貌和意志品格，还要重视加强学生对体育学科的认识，增强学生对体育运动的兴趣，促进学生对正确学习方法的掌握，并培养学生在学习过程中的自信、自评能力，为其终身体育打下坚实的基础。

5. 教与学辩证统一的规律

在高校体育教学的过程中，参与者主要有两个，即高校体育教师和学生。因此，高校体育教学过程既是教师教的过程，也是学生学的过程，二者相辅相成、相互促进。为了全面提高高校体育教学的质量，体育教师必须能够正确认识教与学的关系，在教学的过程中既要能够充分地发挥教师的引导作用，又要重视学生的主体作用。教师需采用科学有效的教学方法，引导学生掌握体育教学的相关知识，并通过实践过程的引导，逐渐将这种知识转变成技能。而在这一教学环境中，学生是学习的主体，是教学成功的内部根源，教师的教学是外因，外因只有通过内因才能起作用。如果教学的过程中没有学生感觉的作用、思维的运转、运动的时间，只依靠灌输是无法达到教学目标的。反之，如果教学的过程没有教师的指导，仅仅依靠学生的摸索式学习，学生也无法掌握正确的学习方法，也就无法实现教学目标。如进行关于排球运动的教学时，如果学生不主动地学习，即使教师再怎么讲解，所讲授的技能也不能被学生掌握，反之，如果教师不讲解，排球运动的相关知识和技能就不能传授给学生，排球运动对于学生而言也就无任何意义。因此，在开展高校体育教学的过程中，必须要遵循教与学辩证统一的规律。

（二）高校体育教学过程的特殊规律

高校体育教学过程的特殊规律，具体来说有以下几点。

1. 动作技能形成规律

在开展高校体育教学时，一个重要的目的是使学生学会和掌握一定的运动技能。而任何一种运动技能的掌握，都要经历一个由不会到会、由不熟练到熟练、由不巩固到巩固的发展过程。通常而言，这一发展过程可以细分为三个阶段，即粗略地掌握运动动作的阶段、改进和提高的阶段、动作的巩固和运用自如的阶段。这三个阶段是有机联系的，而且阶段划分是相对的，没有严格明显的界限。这反映在体育教学实践中，由于教学内容的难易程度、教师的教学组织水平及学生的体育基础等条件的不同，三个阶段的具体特点和所需时间也各不相同。由此可见，三个阶段的划分也是相对的，没有明显的界限。尽管如此，动作技能形成的三个阶段是客观存在的，在不同的阶段中，动作技能的教学各有特点以及与其相应的教学目标和要求。只有根据这些特点、目标和要求，采用相应的手段和方法，才能确保教学取得良好的成效。

2. 人体机能适应性规律

对于任何一项体育运动来说，学生在刚刚接触时，体内会产生一系列的变化，而且机体要经过一定的时间才能适应这个变化。因此，在开展高校体育教学的过程中，必须遵循人体机能适应性规律。具体来看，当人体进行某种运动的时候，身体由于肢体和肌肉群的做功会承受一定的生理负荷，体内的异化作用会加强，产生一定的能耗，机体所储备的能量也会有所下降，这一时期也被称为机体的工作阶段。在运动结束后，经过一定时间的休息和调整，体内原本被消耗的能量也将逐渐地恢复到之前的水平，这一阶段称为恢复阶段。然后再经过合理的休息，体能逐渐地超过运动前的水平，称为超能量恢复阶段。根据人体的这一规律，教师在教学的过程中，必须合理地安排体育课的间隔时间，这样才能在机体运动的规律内，大大提升练习的效果，增强学生的体能，从而提高技能水平。如在进行游泳训练的时候，在游了一段时间后，人体就会感觉乏累，如果这个时候不休息，往往会导致学习效果下降，而如果进行合理的休息，体能就能恢复，再进行训练就会达到最佳的状态。因此，高校体育教学的过程需要遵循人体机能适应性规律。

3. 人体生理机能活动能力变化的规律

学生在参与体育运动的过程中，机体功能活动能力的变化与人体有关器官系统的功能是密切相关的。当学生反复练习某种体育运动项目的时候，学生的身体机能活动的能力就会产生一定的变化，并且这种变化过程呈现出一定的规律性。当机体开始运动的时候，受到人体惰性的影响，人体各器官系统的活动能力从相对平稳的状态逐渐地上升，在运动较长一段时间后，人体的活动能力会稳定在最高水平，这种状态持续一段时间后，机体就会感觉到疲劳，活动能力也会逐渐地下降，但是经过合理的休息后，身体机能又会恢复到相对稳定的水平。但是由于每个个体的体质和生理特点存在着差异性，学生机体活动能力恢复所需要的时间以及最佳状态的保持时间都会有所不同。因此，在进行体育教学的时候，要根据人体生理机能活动能力变化的规律指导教学活动。

四、高校体育教学过程的功能

高校体育教学过程的功能，具体来说有以下几个。

（一）教育功能

学生在参与高校体育教学的过程中，既能够增长体育知识、发展体育能力，也能够进一步提升自己的思想情感、精神面貌和道德品质。从这一角度来说，高校体育教学过程具有良好的教育功能。

高校体育教学过程的这一特点要求高校体育教师在开展体育教学的过程中，应自觉地将教书和育人统一起来，使教学过程的教育功能得以充分发挥，有效促进学生的思想和道德进一步发展。

（二）传递知识功能

高校体育教师在开展体育教学的过程中，必须有目的、有计划、有组织地向学生传递系统的体育知识与技能技巧，以培养出更多优秀的体育人才。从这一角度来说，高校体育教学过程具有良好的传递知识功能。

（三）智能培养功能

学生在参与高校体育教学的过程中，能够获得较为系统的体育知识与技能。而知识是智力活动的内容，因此获取和运用知识的活动本身就具有智力锻炼和能力培养的功能。此外，技能形成有助于智力活动过程的简化，从而能更经济、更有效、更快地提高智力活动的水平。从这一角度来说，高校体育教学过程具有一定的智能培养功能。

（四）审美功能

在开展高校体育教学的过程中，往往需要将"美"的因素作为教学手段或教学艺术贯穿始终，以便培养学生的审美意识和审美观念，提高学生的审美能力。从这一角度来说，高校体育教学过程具有一定的审美功能。

五、高校体育教学过程的特点

高校体育教学过程的特点，具体来说有以下几个。

（一）以运动负荷为条件

体育教学过程重在向学生传授操作性知识，而要传授这一知识，必须借助于各种各样的身体练习。这就决定了，教学过程是以运动负荷为刺激和条件的。这一运动负荷主要以生理负荷为主，是心理和生理负荷的统一。通过承受一定的生理负荷和心理负荷，产生相应的疲劳感，然后身体会做出相应的调节，促进身体恢复以及超量恢复。这点也正是体育活动能促进身体发展、促进健康的生物学依据，即只有使机体适应一定生理、心理负荷的刺激过程，不断地经历适度的超量负荷锻炼，才能有效地发展身体、促进健康。

（二）教学氛围宽松、教学组织严密

体育教学多以室外课堂教学为主，所以说体育教学过程是在相对宽松的环境下进行的。宽松的教学环境对于学生社会性的培养具有非常重要的作用，但是宽松的教学环境容易使学生放松注意力。由于体育教学涉及一些体育器材，学生在学习过程中承受着一定的运动负荷，导致身心疲劳，难免在教学过程中会产生伤害，为了避免一些事故的发生，必须对教学过程进行严密的监控。

（三）以身心发展为评价范畴

体育教学过程是以活动为主要内容，以运动负荷为条件的特殊过程，与一般教学过程有极大的差异，因此在评价范畴方面也有所差异。体育教学过程是与学生的身体活动紧密相连的，学生通过感知、模仿练习来掌握体育的知识技能，促进自身的身心和谐发展。学生也只有不断使机体适应一定生理、心理负荷的刺激过程，不断地经历适度的超量负荷锻炼和恢复的综合积累，才能有效地发展身体、促进健康。只有学生的身心得到发展，体育教学目标才能得到实现。这便是体育教学过程的评价范畴。

（四）以运动实践活动为基础

一般教学活动主要以理论性知识为主，多采用室内课堂教学的形式，学生以脑力学习为主要学习方式。体育教学多采用室外课堂教学，学生多以身体练习为主要学习方式。体育教学过程是学生在教师指导下进行运动实践活动的过程，教学内容以身体练习（运动动作）为主，这一内容的特殊性就成为体育教学过程的一个重要特点。

（五）注重培养学生的社会性

体育教学过程中的交往是一种动态交往，重在发挥每一个学生的个体能动性。体育教学过程是教师的"教"与学生的"学"的双边活动的过程，学生要从事各种身体练习和活动，既需要教师的指导、帮助，又需要学生之间的相互合作、相互帮助、相互评价，客观上要求学生要进行多方面的交往。这一特点决定了体育教学过程不仅是一个身体活动过程，也是一个心理活动过程和社会活动过程。体育教学过程中的人际关系和交往是社会性和生活性的体现。

第二节　高校体育教学内容的优化

高校体育教学内容的状况，会对高校体育教学的效果产生重要的影响，因此必须重视对高校体育教学内容的优化。

一、高校体育教学内容的内涵

（一）高校体育教学内容的含义

高校体育教学内容是以体育教育为目的，以运动为媒介，以身体练习、运动技能学习和教学比赛等为形式，经过组织加工后的，可以在教学环境下进行的体育知识和技能的体系。

（二）高校体育教学内容的特性

高校体育教学内容的特性，具体来说有以下几方面。

1. 身体运动性

相比于其他学科的教学内容来说，体育教学内容最为突出的一个特性便是具有身体运动性。高校体育教学内容的身体运动性，指的是高校育教学内容的绝大部分都是以身体练习形式进行的，体育教学内容与体育实践活动密切相连，学生必须在从事这种以大肌肉群运动为特点的运动时才可能真正学好这些内容。当然，高校体育教学中也有知识和道德培养的内容，而体育内容中的知识学习和道德培养必须是通过运动学习和实践体验，通过运动中的本体肌肉感觉和记忆才能准确获得的。这也是高校体育教学内容的身体运动性的一个鲜明表现。

2. 健身性

高校体育教学内容中的很大一部分是以大肌肉群的运动为形式的技能学习与练习，在合理的运动量和运动负荷之下，能够有效增强学生的体能、提升学生的身体健康水平。从这一角度来说，健身性是高校体育教学内容的一个重要特性。

3. 娱乐性

高校体育教学内容的娱乐性，指的是高校体育教学内容中蕴含着运动的乐趣和娱乐性。这是因为，高校体育教学内容的重要来源是各种身体活动，而绝大多数的身体运动是从人的娱乐性运动中演化而来的。

高校体育教学内容的娱乐性，要求高校体育教师在教授体育教学内容的过程中，必须注意增强教学的娱乐性，以便学生能够更为积极、主动地参与到体育教学中。

4. 非阶梯性

非阶梯性也是体育教学内容区别于一般教学内容的显著特性之一。体育教学内容的非阶梯性特点，指的是体育教学内容并不具有一般学科内容的那种较为清晰的由易到难、由简到繁的阶梯性结构，以及明显的从基础到提高的逻辑结构体系，它更多的是由众多相互平行的竞技运动项目和身体练习组成，并且包括了繁多的理论知识素材，这为体育教学内容的选择增加了难度。

二、高校体育教学内容的优化途径

高校体育教学内容作为高校体育教学中的一个重要因素，影响着整个高校体育教学活动的过程和效果。因此，在开展高校体育教学的过程中，必须依据实际情况不断对教学内容进行优化。具体来说，可通过以下几个途径来优化高校体育教学内容。

（一）特色化地编写高校体育教材

教材的编写应该做到以下三点。一要体现地域性和民族性，各地方部门要积极鼓励各高校开拓校本教材。在编写过程中要注意把最具有代表性的民族体育项目的技能、战术、裁判规则和项目的文化背景加入到教材中。二是在编写竞技运动项目时，要注意编写其中最核心的技术，运动技术的编写不能只限于动作要领，还应根据运动教育模式提倡的游戏修改的规则对学习内容进行修改，编写一些实用性、娱乐性较强的练习方法。三是编写过程中要考虑学生的个性发展，不应只有基本的理论知识，应考虑多个运动项目的组合排列，不应只看重单项技术动作的学习，还应考虑到体育理论知识具有丰富的文化内涵，如奥运知识、体育文化欣赏、体育道德风尚、体育人文精神等，这对于人的健康意识及体育道德行为都能起到一定的约束或促进作用。

（二）科学地创编高校体育教学的内容

在优化高校体育教学的内容时，一个重要的途径便是科学地创编高校体育教学的内容。通常而言，可通过以下几种途径对高校体育教学内容进行科学创编。

第一，利用运动教育模式对高校体育教学内容进行科学创编。运动教育就是以人体的运动原理为依据，对一些竞技体育运动加以归类，然后依据大学生的身心发展特点，将这些竞技体育运动融入高校体育教学内容，以促进大学生体育活动能力的提高。运动教育教学内容多是修改后的活动。修改后的活动不会降低运动项目的挑战性，而是将适当的挑战水平与学习者的发展状态相匹配，同时，还为学习者提供了在与当前学习能力相匹配的情况下练习技巧和战术的机会。修改主要是对次要规则的更改，如器材尺寸、重量，设备样式，比赛区域，比赛时长，球员数量，球员位置的轮换及得分方法等。修改活动的目的是将学生的需求放在第一位，修改的四个关键策略是：使得分更容易、减缓球速、增加练习技术和战术的机会、更改定义评分的规则。

第二，利用游戏对高校体育教学内容进行科学创编。高校体育教学内容要想更好地吸引大学生参与其中，就要确保自身具有较强的娱乐性和趣味性。为此，在对高校体育教学内容进行创编时，必须要将游戏融入其中。

第三，融入体育文化对高校体育教学内容进行科学创编。这既有利于学生加深对运动文化的理解和体验，又有利于学生文化素养的提升。

第四，结合体育原理和知识对高校体育教学内容进行科学创编。这有利于学生更好地理解和掌握运动原理，从而更加科学地参与体育运动。

第五，通过改造运动项目对高校体育教学内容进行科学创编。这里所说的改造，需要在充分考虑课程目标、教学需要和学生特点的基础上进行，而且要有生活化、实用化等特点，因而能够较好地达到增强学生体能、促进学生健康的效果。

第六，改变固有课堂教学顺序对高校体育教学内容进行科学创编。在我国所有的课堂顺序尤其是球类教学中，教学顺序一直是以单个技术教学为主。课堂顺序的优化即是以单一的单个技术学习→少许战术介绍→简单比赛向比赛→技术→比赛的方式转变，以加深学生对运动项目的理解，增强学生运动战术意识和瞬间决断能力。

第七，以运动处方形式对高校体育教学内容进行科学创编。这有利于学生在锻炼身体的过程中，更好地认识和运用运动处方。

第八，利用传统体育内容如踢键子、打陀螺等对高校体育教学内容进行科学创编。这既能够丰富体育教学的内容，也能有效培养学生的创新能力，还能够促进民族体育文化的继承和发扬。

（三）合理地开发高校体育教学的内容资源

在优化高校体育教学的内容时，合理地开发高校体育教学的内容资源也是一种十分有效的途径。

1. 高校体育教学内容资源开发的重要性

对高校体育教学内容资源进行开发有着十分重要的意义，具体表现在以下几个方面。

第一，能够丰富高校体育课程的理论，完善高校体育课程的内容体系。

第二，能够为高校体育新课程内容的实施提供保障。

第三，能够推进高校体育总体改革的进行。

第四，能够推进素质教育的进程，继而促进高校体育教学质量的提高。

2. 高校体育教学内容资源开发的原则

在对高校体育教学内容资源进行开发时，为获得良好的成效，必须切实遵循以下几个开发原则。

第一，目标导向性原则，即高校体育教学内容资源的开发必须围绕高校体育课程目标来进行，而且要有利于高校体育课程目标的实现。

第二，安全性原则，即高校体育教学内容资源的开发必须以有利于学生的安全和健康发展为前提。

第三，经济性原则，即高校体育教学内容资源的开发必须充分考虑到高校自身可以提供的人力、物力、财力及时间投入等条件，一定要量力而行。

第四，地域性原则，即高校体育教学内容资源的开发必须充分考虑到高校所在地区的特色，尽可能挖掘出具有鲜明地方特色的优秀体育课程资源。

（四）恰当地选择高校体育教学的内容

恰当地选择高校体育教学的内容，对于高校体育教学内容的优化也有重要的作用。因此，在开展高校体育教学的过程中，必须重视对教学内容的合理选择。

1. 高校体育教学内容选择的依据

在对高校体育教学内容进行选择时，必须切实依据以下几个方面。

第一，高校体育课程目标，即高校体育教学内容的选择必须围绕着高校体育课程目标来进行，以便所选择的高校体育教学内容能够促进高校体育教学目标的实现。

第二，大学生的体育需求和身心发展特点。就当前来说，大学生参与体育的需求主要有对体育知识的需求、对健身的需求、对健美的需求、对娱乐的需求和对终身体育和竞技体育的需求等。在选择高校体育教学的内容时，必须充分考虑到大学生的体育需求。与此同时，要立足于大学生的身心发展特点来选择高校体育教学的内容，以便所选择的教学内容能够切实促进大学生的身心健康发展。

第三，社会发展的需要，即高校体育教学内容的选择要充分考虑到社会的发展现实及未来的发展需求，继而为社会的进一步发展作出应有的贡献。

2. 高校体育教学内容选择的原则

在对高校体育教学内容进行选择时，为获得良好的成效，必须切实遵循以下几个原则。

第一，教育性原则，即所选择的高校体育教学内容要能够提高学生的体育文化修养及思想品德水平，促进学生身心的全面、健康发展。

第二，知识性和实践性相结合原则，即所选择的高校体育教学内容既要有丰富的理论内容，又要能够在实践中进行验证。

第三，实效性原则，即所选择的高校体育教学内容要实用、简便易行、有助于学生的身心健康。

第四，趣味性原则，即所选择的高校体育教学内容要能够使学生感兴趣，并能吸引学生积极学习这些内容。

第五，健身性和文化性相结合原则，即所选择的高校体育教学内容既要具有良好的健身价值，又要具有丰富的体育文化内涵。

第六，继承性和发展性相结合原则，即所选择的高校体育教学内容既要吸收、继承我国历史悠久的传统体育内容，又要有选择地对其进行丰富与完善，从而使其更健康、更具有时代气息。

第七，民族性和世界性相结合原则，即所选择的高校体育教学内容既要保留优秀的本民族体育内容，又要充分吸取世界各民族的优秀体育内容，并将它们有机融合在一起。

（五）重视高校体育师资队伍的建设

高校体育教学内容的设置，与高校体育教师自身的素质有着十分重要的关系。因此，在对高校体育教学内容进行优化时，加强高校体育师资队伍的建设也是一种十分有效的优化途径。在这一过程中，必须重视高校体育师资队伍整体素质的提升，并要引导高校体育教师充分、有效地发挥自己的积极性和创造性来选择、组织最为恰当的体育教学内容。

（六）进一步完善高校体育教学质量评价机制

在衡量高校体育教学内容的设置是否合理时，一个重要的依据便是高校体育教学质量评价。这是因为，高校体育教学质量评价能够直观地反映出教学效果。建立科学和准确的高校体育教学质量评价体系，是教师获取教学反馈、改进教学模式、提高教学质量的前提和基础，也是高校学生调整学习目标、提高学习效率、增强身体素质的重要途径。因此，要促进高校体育教学内容的优化，也必须重视高校体育教学质量评价机制的进一步完善。

第三节　高校体育教学方法的优化

高校体育教学方法的合理选择，不仅能够确保高校体育教学的有序开展，更能够促进高校体育教学质量的提升和教学效率的提高。因此，在开展高校体育教学的过程中，必须重视对高校体育教学方法的优化。

一、高校体育教学方法的内涵

（一）高校体育教学方法的含义

高校体育教学方法，简单来说就是高校体育教师为了顺利地完成高校体育教学任务、实现高校体育教学目标而选择和运用的工作方式。

（二）高校体育教学方法的重要性

高校体育教学目的能否实现，在很大程度上取决于所选择的高校体育教学方法是否恰当。因此，在高校体育教学中，教学方法发挥着十分重要的作用。具体而言，高校体育教学方法的作用主要表现在以下三个方面。

第一，高校体育教学方法能够促进高校体育教学任务的有效完成。

第二，高校体育教学方法是高校体育教学过程中最重要的组成部分，既影响着高校体育教学的内容和组织形式，又影响着高校体育教师与学生之间、学生与学生之间的关系。

第三，高校体育教学方法有助于高校体育教师树立自己的威信，进而影响高校体育教学的效果。

二、高校体育教学方法的优化途径

高校体育教学方法作为高校体育教学中的一个重要因素，也会对整个高校体育教学活动的过程和效果产生重要的影响。因此，在开展高校体育教学的过程中，必须依据实际情况不断对教学方法进行优化。具体来说，可通过以下几种途径来优化高校体育教学的方法。

（一）恰当地选择高校体育教学的方法

恰当地选择高校体育教学的方法，既能够促进高校体育教学方法的优化，又能够促进高校体育教学质量的提高。而在对高校体育教学方法进行选择时，必须切实依据以下七个方面。

第一，高校体育教学的目的和任务，即高校体育教学的目的和任务不同，所选择的教学方法也应有一定的差异。比如，如果教学目的强调对学生个性的培养，就可以选用发现法、探究式教学法或学导式教学方法等；如果教学目的是在新授课上帮助学生建立初步的动作定型，则可以运用讲解法、动作示范法及完整与分解法等体育教学方法；如果教学目的只是强调对体育卫生、保健知识的传授，只需要选用讲解法即可。

第二，高校体育教学的内容，即所选择的高校体育教学方法要有利于教学内容的实施。所以，高校体育教学内容不同，所采用的教学方法也应有所不同。比如，在进行类似于游泳、滑冰等技术和技能动作的讲授时，所采用的也是分解教学的方法；在进行诸如跑步、投掷、跳跃等连贯性要求较强且动作发生较为短暂的运动项目的教学时，就需要采用完整教学法；在球类教学中，则可采用领会式教学方法。

第三，高校体育教师的自身状况，即所选择的高校体育教学方法应是与高校体育教师的自身素质相符合的，以便于高校教师对教学方法进行有效驾驭。

第四，大学生的实际状况，即所选择的高校体育教学方法应与学生的身心发展特点相符，能够引导学生更好地学习，继而促进高校体育教学目标的顺利完成。

第五，教学方法的适用范围。每一种教学方法都不是万能的，而是有一定的适用范围限制。因此，在对高校体育教学方法进行选择时，必须充分考虑到其适用范围。

第六，高校体育教学的条件。高校体育教学方法的运用需要借助一定的媒介物进行，因此在选择高校体育教学方法时，必须充分考虑到高校实际具有的体育教学条件。

第七，高校体育教学的时间和效率。高校体育教学方法有很多，而每一种教学方法花费的时间是有所不同的。比如，实践法比讲解法更花费时间，分解教学的方法比完整教学法更花费时间。不过，针对一些技能和技术的问题，实践法比讲解法的效率更高。因此，在选择高校体育教学方法时，必须充分考虑到高校体育教学的时间和效率。

（二）合理地组合高校体育教学的方法

对已有的高校体育教学方法进行合理的组合，也是优化高校体育教学方法的一个重要途径。

1. 合理组合高校体育教学方法的原则

在对高校体育教学方法进行组合时，要想确保组合后的教学方法是科学的、合理的，能够有效促进教学目的、任务的实现和教学质量的提高，那么在组合高校体育教学方法的过程中就必须切实遵循以下三个原则。

第一，最优性原则。在重新组合优选的教学方法时，会出现多套教学方法，而且各具特色，那么应该最终选哪一套呢？这时就要求高校教师通过对实际情况的分析，权衡利弊，"多中选优"。

第二，综合性原则。这一原则指的是在组合高校体育教学方法时，必须要充分考虑到组合在一起的每一种体育教学方法的作用及其相互之间的联系，以便组合后的高校体育教学方法能够发挥出最大的效用。

第三，创造性原则。这一原则指的是在组合高校体育教学方法时，可以通过改造、组合和创新已有的体育教学方法，来确保组合后的高校体育教学方法能够取得理想的教学效果。

2. 合理组合高校体育教学方法的程序

在对高校体育教学方法进行组合时，要想确保组合后的教学方法发挥出最大的作用，就需要在组合过程中遵循一定的程序。合理组合高校体育教学方法的程序具体如下。

第一，进一步对高校体育教学的任务进行明确与细化。在合理组合高校体育教学方法时，首要的一步便是进一步对高校体育教学的任务进行明确与细化，即对某一节课中的具体教学任务进行分析，将所有细化出的教学任务整理排列出来，并综合这些教学任务，将该节课的详细任务制订出来。

第二，根据实际情况提出总体设想。这一步是在对高校体育教学的实际情况进行综合分析的基础上，提出可以采用的教学方法及每一种教学方法的适用性、可以获得的效果等。

第三，对多种高校体育教学方法进行优化组合。在开展这一环节的工作时，应特别注意两个方面：一是制作一张包括各种可用的体育教学方法和教学方法中的细节及最佳教学方法的工作表；二是多方比较、仔细推敲这些教学方法，去粗取精，适当地调整、配合和选定。

第四，应用并评价组合后的高校体育教学方法。在高校体育教学中应用组合后的体育教学方法，并对这一教学方法的应用过程和应用效果进行全面的跟踪和评价。在这一过程中，能够找出组合后的高校体育教学方法存在的问题并对其进行适当的调整，从而使组合后的高校体育教学方法发挥出更大的效用。

（三）重视学生学习主体性教法的运用

进行高校体育教学时应注意弱化教师教学主导的权力，提倡师生共同配合实现教学目标。这种转变意味着教师从单纯的照本宣科、满堂灌转变为能力教育，即培养学生自主学习的能力。教师在教学过程中要科学地分组，引导积极合作，给予学生主动学习的时间与空间，重视发展学生思维创造能力，师生之间相互评价，使学生能够充分体验到成功的乐趣。这样一来，学生主体性必然得到提高，学习兴趣和积极性也会有所改善。

（四）重视体育教学方法的实质性运用

每种教学方法在运用时都要突显出其操作步骤。如进行合作学习时，教师应对学生提出明确的教学要求和任务，让学生围绕固定主题合作，使每位学生在小组中都有展示自己优势的机会。小组成员在组内有自己的责任和义务，扮演一定的角色，成员之间相互协作配合完成小组任务。小组间合作的过程中或者组间任务完成后，教师要适时给予评价，评价的内容包括评练习学习结果、小组合作能力、组员合作学习参与度、积极程度等。树立小组内的榜样，不仅要重视组外竞争，还要激发组内合理的竞争，充分调动学生积极性，让他们学会并善于沟通合作。高校体育教学运用游戏法时，选择的教学内容应当和教材的内容相适应。体育教师要根据教学目标和任务科学地选择游戏项目或修改游戏内容。组织游戏时要考虑学生的知识能力、身体状况和技能状况，应遵循由简到难、循序渐进的原则。同时还要重视游戏过程中和游戏结束后的实效性评价。

（五）重视现代教育技术的运用

在当代信息技术高速发展并被广泛应用于教学的大背景之下，越来越多的学校将现代教育技术的应用作为应用现代教学方法的指标。事实上，教学方法的技术化、多媒体化、网络化已成为世界范围内的一种基本趋势。因此，在优化高校体育教学方法时，应高度重视对现代教育技术的运用。

第四节　高校体育教学组织的优化

高校体育教学的组织情况，也会对高校体育教学的质量和效果产生重要的影响，因而也要重视对高校体育教学组织的优化。

一、高校体育教学组织的内涵

（一）高校体育教学组织的含义

所谓高校体育教学组织，就是以一定的教学目标为依据，通过一定的教学组织形式来保证高校体育教学活动的有序开展，继而促进高校体育教学目标的实现。在开展高校体育教学时，只有选择恰当的教学组织形式，才能确保教学取得良好的成效。

（二）高校体育教学组织的原则

在对高校体育教学进行组织时，要想获得良好的效果，必须遵循一定的原则。具体来说，高校体育教学组织的原则有以下三个。

第一，全体性原则。高校体育教学组织的全体性原则指的是在对高校体育教学进行组织时，必须面向全体学生，确保每一位学生都被纳入课堂教学的组织中，从而使每一位学生的运动技能、身心素质等方面都能得到有效提升。

第二，规范性原则。高校体育教学组织的规范性原则指的是在对高校体育教学进行组织时，必须注意用规范的纪律来约束学生，以确保高校体育教学能够顺利进行。

第三，有效性原则。高校体育课堂的时间是有限的，因此在对高校体育教学进行组织时，必须确保所选择的组织形式能够促进高校体育课堂教学的顺利开展，并能够促使高校体育课堂教学取得良好的成效。

二、高校体育教学组织的优化途径

在开展高校体育教学的过程中，可以通过以下几种有效途径来对高校体育教学组织进行优化。

（一）合理地选择与运用高校体育教学的组织形式

在对高校体育教学组织进行优化时，最为有效的途径便是对高校体育教学的组织形式进行合理选择与运用。就当前来说，常用的高校体育教学组织形式主要有三种，即班级教学、小组教学和个别教学。这三种高校体育教学组织形式既有自身的优势，也有一定的不足，在具体的运用过程中，必须依据体育教学的实际情况明确是单独运用某一种教学组织形式，还是对多种教学组织形式进行综合运用。

1. 班级教学

班级教学又称班级授课制，指的是根据年龄或知识水平把学生编入有固定人数的班级中，由教师按照教学计划统一规定内容和课时数，并按课程表进行教学的教学组织形式。在当前，班级教学是高校体育课堂教学的基本形式。

（1）高校体育教学中运用班级教学的优势

在高校体育教学中运用班级教学有较多优势，具体如下。

第一，能够在同一时间内面向几十名学生进行授课，授课的效率大大提高。

第二，能够根据学生的平均水平（假想或实际）进行体育教学，从而确保大多数学生都能较为容易地掌握所学的体育知识或技能。

第三，能够保证教学内容的统一性、完整性和循序渐进性，从而确保体育教学内容更好地传授给学生，并真正被学生接受和消化。

第四，有助于高校体育教师发挥自己在教学中的主导作用。

第五，有助于师生之间的交流，从而帮助高校体育教师及时根据学生的反馈来调整教学方法、教学进度安排等内容。

第六，有助于高校体育教师对课堂教学进行有效的管理。

（2）高校体育教学中运用班级教学的局限

在高校体育教学中运用班级教学也有一定的局限，具体如下。

第一，忽视了学生的个体差异，难以做到因材施教。

第二，重视发挥高校体育教师的主导作用，导致在一定程度上忽视了学生的主体地位，因而不利于培养学生的主动探索精神、独立学习能力、创造能力和实际操作能力。

第三，在一定程度上会造成对"课"的人为割裂，从而导致课堂教学无法取得预期效果。

第四，学生之间无法进行紧密的联系，相互交流的情况也比较少。

2. 小组教学

小组教学是把一个班暂时分为若干个小组，由教师规定共同的学习任务，并由学生分组学习的班级教学形式。在当前的高校体育教学中，小组教学这种教学组织形式的运用也是比较广泛的。

（1）高校体育教学中运用小组教学的优势

在高校体育教学中运用小组教学有较多优势，具体如下。

第一，能够根据学生的实际体育能力水平进行教学，即能够在一定程度上进行因材施教，从而确保高校体育教学取得良好的成效。

第二，能够使学生获得更多的直接参与学习的机会，从而有效培养学生的自主参与意识和组织能力。

第三，能够促进师生直接进行较为密切的交流与合作，这也能够在一定程度上培养学生良好的合作意识和合作能力。

（2）高校体育教学中运用小组教学的局限

在高校体育教学中运用小组教学也有一定的局限，具体如下。

第一，分组缺乏合理性和科学性。高校体育教学分组大多采用随机形式，没有做到组内异质、组间同质，因而小组学习这种组织形式的优势没有得到很好的发挥。

第二，成员分工不明确。进行小组学习时，教师应对学生提出明确的教学要求和任务，让学生围绕固定主题合作，使每位学生在小组中都有展示自己优势的机会。小组成员在组内有自己的责任和义务，扮演一定的角色，成员之间相互协作配合完成小组任务。然而，高校体育教学的小组学习在这方面比较欠缺，不能真正体现小组合作学习的特点。

第三，忽视小组学习评价。在小组间合作的过程中或是组间任务完成后，教师要适时给予评价，评价的内容包括评练习学习结果、小组合作能力、组员合作学习参与度、积极程度等。树立小组内的榜样，不仅要重视组外竞争，还要激发组内合理的竞争，充分调动学生积极性，让他们学会并善于沟通合作。重视小组学习评价和记录，发挥评价的导向功能，这是小组学习组织所忽视和需改进的。

（3）高校体育教学中小组教学的分组方式

在高校体育教学中采用小组教学时，一个重要的环节便是确定小组的分组方式。通常而言，小组教学的分组方式主要有以下几种。

第一，同质分组。所谓同质分组，是指分组后，同一小组内的学生在体能、运动技能、兴趣爱好等方面大致相同。因此，可以按体能状况、运动技能水平、性别、兴趣爱好等内容进行分组。同质分组的优点在于能增强活动的竞争性，符合学生争强好胜的性格，提高学生参与活动的兴趣，但这种以运动能力为划分标准的分组会使学生产生优劣感，甚至造成其学习意愿的减弱。

第二，异质分组。异质分组是指分组后，同一小组内的学生在体能和运动能力方面均存在差异。不同于随机分组，它是人为地将不同体能和运动技能水平的学生分成一组，或根据某种特别需要对"异质"进行分组来缩小各小组间的差距，以利于开展游戏和竞赛活动。

第三，友情分组。友情分组是指在学生有自主选择练习伙伴权利的情况下，大多数学生会选择与自己关系较为亲密的同学在一起进行练习。在友情分组中，由于学生相互之间的信任度高、依赖性强、思想一致，因此，在学习过程中更能发挥各自的作用，形成合力，凝聚力强。

第四，帮教型分组。帮教型是指分组将运动技能水平有较大差异的学生分到一组，使水平高的学生直接对其他学生进行帮助，以达到帮、带的目的。这种分组形式所达到的教学效果要比教师一人对众多学生进行指导好得多，同时这种形式也是主体学习的一种体现。但不可忽视的是，帮教型分组易使帮助者产生优越感、被帮助者产生自卑感，因此在运用时应慎重。

3. 个别教学

个别教学可以说是世界上最早出现的一种教学组织形式，但在今天仍有重要的存在价值。所谓个别教学，就是针对个别学生的需要、能力、兴趣、学习进度和认知方式特点等方面而进行教学的教学组织形式。

（1）高校体育教学中运用个别教学的优势

在高校体育教学中运用个别教学有较多优势，具体如下。

第一，能够根据学生的实际情况进行因材施教，从而切实促进每一个学生的体育能力都能得到提升。

第二，能够有效调动每个学生的学习积极性，使每个学生都能从教学中受益。

第三，能够有效培养学生的自学能力和独立思考能力。

（2）高校体育教学中运用个别教学的局限

在高校体育教学中运用个别教学也有一定的局限，具体如下。

第一，会导致高校体育教学的效率低下，继而无法保证高校体育教学任务的有效实现。

第二，不利于学生之间的交流，继而阻碍学生的交往能力的发展和社会化的实现。

第三，不利于培养学生的竞争意识和合作精神。

第四，不能适用于所有的学生，对于那些缺乏学习自觉性的学生，这种教学组织形式是无法取得预期效果的。

第五，需要有足够的时间和财力、物力作为支持，因而"成本高昂"。

（二）重视优秀高校体育教师的培养

高校体育教学的组织情况与高校体育教学的自身能力也有密切的关系。因此，在对高校体育教学组织进行优化时，必须重视对优秀高校体育教师的培养，确保高校体育教师既具备丰富的体育理论知识，又具有良好的体育技能，还具有良好的品质和师德。

（三）加大对高校体育教学的投资

加大对高校体育教学的投资，既能够为高校体育教学聘请更多的优秀人才，又能够为高校体育教学配备更先进、全面的设施。这样一来，就能为高校体育教学组织的优化与完善打下良好的基础。

第五节 高校体育教学评价的优化

开展高校体育教学评价，能够更好地对高校体育教学工作进行宏观调控和科学管理，从而确保高校体育教学获得良好的成效。因此，在开展高校体育教学的过程中，必须重视对高校体育教学评价的优化。

一、高校体育教学评价的内涵

（一）高校体育教学评价的含义

所谓高校体育教学评价，就是依据既定的高校体育教育目标，通过对评价手段和技术的有效运用，测量、分析并比较高校体育教学活动的过程及结果，进而给出价值判断的过程。

（二）高校体育教学评价的原则

在对高校体育教学进行评价时，要想获得良好的效果，必须遵循一定的原则。具体来说，高校体育教学评价的原则有以下六个。

第一，全面性原则。高校体育教学评价的全面性原则指的是在对高校体育教学进行评价时，必须注重对高校体育教学活动进行多角度、全方位的评价，以确保高校体育教学的任务能够有效完成、高校体育教学的质量能够得到不断提高。

第二，科学性原则。高校体育教学评价的科学性原则指的是在对高校体育教学进行评价时，必须以客观规律为依据，科学化地选择评价方法、标准及程序，以确保评价结果的客观性、准确性和合理性。此外，高校体育教学评价的科学性原则要求在对高校体育教学进行评价时，必须避免经验式和直觉式的教学评价。

第三，实践性原则。高校体育教学评价的实践性原则指的是在对高校体育教学进行评价时，必须在实践活动中进行，并对实践活动的四个层面即体育身体素质、体育技术水平、体育兴趣和爱好都给予重要关注。

第四，一致性原则。高校体育教学评价的一致性原则指的是在对高校体育教学进行评价时，必须确保制订的标准一致，而且标准制订后必须保证在具体执行过程中用统一的标准来测量，不能因为其他因素而降低或改变标准。只有这样，所得到的高校体育教学评价结果才能正确区分评价对象的水平及差别，进而为高校体育教学质量的提高提供依据。

第五，可行性原则。高校体育教学评价的可行性原则指的是在对高校体育教学进行评价时，必须确保所设计和组织的高校体育教学评价是切实可行的，各项指标是现实条件能基本达到的。

第六，发展性原则。高校体育教学评价的可行性原则指的是在对高校体育教学进行评价时，必须把促进高校体育教学质量提高和学生全面发展作为评价的最高要求。只有这样，才能促进学生身心的健康发展。

二、高校体育教学评价的优化途径

在开展高校体育教学的过程中，可以通过以下两种有效的途径来对高校体育教学评价进行优化。

（一）不断更新高校体育教学评价的理念

要促进高校体育教学评价的优化，最为重要的一个举措便是要不断更新高校体育教学评价的理念。就当前而言，一种科学的高校体育教学评价机制的建立，必须要以素质教育为根本，要抓住素质教育的基础性、全面性、主体性、个体性、发展性等特点，正确认识学校体育在素质教育中所起的作用，明确学校体育的教育目标。

（二）不断对高校体育教学评价的体系进行发展与完善

在对高校体育教学评价进行优化时，除了要重视高校体育教学评价理念的更新，还要注重不断对高校体育教学评价的体系进行发展与完善。在这一过程中，必须做好以下六方面的工作。

1. 要保持高校体育教学评价主体的多维性

随着高校体育教学制度的改革，高校体育教学评价的主体也发生了较大改变，从之前的教师与学生逐渐发展为目前的多元化结构，即教师、学生、家长、校方和社会团体等群体。因此，在对高校体育教学评价进行优化时，必须保持评价主体的多维性，以保证评价结果的全面性和准确性。

2. 要注意高校体育教学评价客体的多维性

在进行高校体育教学评价时，由于个体的差异性，使得被评价的对象之间存在一定差异，这就很难通过统一的评价标准来进行衡量。因此，在对高校体育教学评价进行优化时，必须注意评价客体的多维性。为此，在具体开展高校体育教学评价前，需要对评价对象的具体情况进行分析，并以此为依据进行分组评定，以保证评价结果的公平性。

3. 要注意高校体育教学评价内容的多元化

高校体育的教学目标是多种多样的，涉及运动技能、运动参与、身体发展、心理健康与社会适应等多个领域。因此，在具体开展高校体育教学评价时，应确保评价的内容向多元化发展，如加入对体育学习态度、情意表现与合作精神内容的评价，不能只保持单一的技能或健康测评。

4. 要注意高校体育教学评价方法的多样化

高校体育的教学目标是多种多样的，因此在具体开展高校体育教学评价时，要尽可能采用多样化的评价方法。就当前而言，常用的高校体育教学评价的方法有自评与他评相结合的方法、终结性评价与过程性评价相结合的方法、定量评价与定性评价相结合的方法、绝对性评价与个体差异性标准评价相结合的方法等。要特别注重过程性评价指标体系的建立及可操作性，切实反映学生的学习情况。

5. 要开发操作性较强的高校体育教学评价系统和软件

高校体育教学评价应以运动技能、运动参与、身体健康、心理健康与社会适应目标为基点，从评价内容、评价方法、评价主体着手，精心选择评价指标，建立一个可操作、科学的评价体系。评价主体、客体、内容和方法的多维性给教师的评价工作带来一定的压力。通过评价软件的开发和应用，可真正实现评价多维性，也可供体育教师根据自己的实际情况选择使用，做到个性化和共性化的结合。

6. 要注意高校体育教学评价反馈机制和监督机制的构建

获得评价信息的关键方法和唯一途径便是反馈，并且健全的高校体育教学评价反馈机制是高校体育评价活动有效开展的关键性条件。在对高校体育教学评价进行优化时，必须重视高校体育教学评价反馈机制的构建。而在构建高校体育教学评价反馈机制后，为了确保其能够得到有效运行，必须重视高校体育教学评价监督机制的构建，以确保高校体育教学评价所反馈的信息能够真正得到重视，从而发挥出最大的效用。

第六节　高校体育教学环境的优化

体育教学是在特定的环境下进行的活动，即体育教学必须以一定的环境为支持。因此，在开展高校体育教学时，必须重视体育教学环境的构建与优化，以促使学生积极地、自觉地、科学地参加体育运动，继而切实促进学生身心的健康发展。

一、高校体育教学环境的内涵

（一）高校体育教学环境的含义

所谓高校体育教学环境，就是高校实现体育教学活动所必需的多种客观条件的综合。通常而言，高校体育教学环境是以高校体育教师和学生参与体育教学活动的身心发展需求为基本考量因素而组织起来的。

（二）高校体育教学环境的构成要素

通常认为，高校体育教学环境主要是由以下四个要素构成的。

1. 高校体育物质环境

在高校体育教学环境的构成中，物质环境是一个十分重要的构成要素。良好的高校体育物质环境是保证高校体育教学和体育活动开展的重要物质条件，是实现高校体育教学目标、提高学生健康水平的重要物质支持。一般来说，体育场馆、体育器材等都属于高校体育物质环境。

2. 高校体育制度环境

在高校体育教学环境的构成中，制度环境也是一个十分重要的构成要素。良好的高校体育制度环境是保证学生锻炼时间、提升体育开展约束力的重要内容。一般而言，高校体育制度环境主要指的是高校体育工作条例等一些规章制度。

3. 高校体育舆论环境

良好的体育舆论导向能够有效地发挥体育先进人物、先进事迹的激励作用，提高大学生从事体育锻炼的积极性，促进大学生对体育的认识、体育习惯的养成，使他们参与体育锻炼的动力更足。因此，在对高校体育教学环境进行构建时，不能忽视舆论环境的构建。

4. 高校体育心理环境

高校体育心理环境是在教学环境中逐渐形成的，有着一定的约定俗成性。一般而言，班风与校风、学校体育的传统与风气、体育课堂常规、体育教学中的人际关系等方面都属于高校体育心理环境的内容。

二、高校体育教学环境的优化途径

在开展高校体育教学的过程中，可以通过以下两种有效的途径来对高校体育教学环境进行优化。

（一）不断完善高校体育教学的硬件环境

高校体育教学的顺利实施，离不开体育设施、器械、场地等体育教学硬件环境的支持。因此，必须重视对高校体育教学硬件环境的完善。在这一过程中，必须做好以下三方面的工作。

第一，要不断加大对高校体育教学的经费投入，以帮助高校有效改善自身的体育教学硬件环境。

第二，要重视对体育设施、体育场地进行维修和更换，以更好地满足日常体育教学的需要。

第三，要重视体育器材的自制工作，以促使高校体育教学硬件环境不完善的现状能够得到有效改善。

(二) 重视构建良好的高校体育教学文化氛围

高校体育教学文化氛围的构建，有助于在高校校园内形成一种良好的体育文化精神氛围，从而帮助学生在体育学习过程中对体育形成正确的价值观及认识，并促使学生产生正确且积极的体育学习动机和体育学习行为。此外，在对高校体育教学文化氛围进行构建时，必须注意以下三个方面。

第一，精心选择、规划体育活动场地。清新的空气、整洁的场地、广阔的空间，能够使学生心情愉快、学习认真、精力集中，进而能较快地掌握动作，提高学习效率。

第二，巧妙选择、组合体育活动器材，为学生创造一种良好的练习环境，刺激学生参与教学过程，并使学生在认知过程中，促进对信息的感知、理解，对学习情绪、教学效果、教学质量产生良好的影响，从而达到预期的教学目的。

第三，重视构建新型师生关系。只有平等、相互理解的师生关系才是真正人性化的师生关系。所以，作为体育教师，首先要改变以往"教练式"的严肃面孔，以平等的方式和学生互动交流。人与人只有在平等的基础上，才能彼此敞开心扉，进行真正地对话、沟通，从而达到相互理解的效果。

第七节　高校体育教学模式的优化

高校体育教学模式居于高校体育教学理论与高校体育实践之间，能够有效推动高校体育教学理论与高校体育实践的双向发展。因此，在开展高校体育教学时，必须重视体育教学模式的优化。

一、高校体育教学模式的内涵

(一) 高校体育教学模式的含义

所谓高校体育教学模式，就是在某种体育教学思想和理论指导下建立起来高校体育教学的程序。通常而言，高校体育教学模式是由三个基本要素组成的，即高校体育教学指导思想、高校体育教学过程结构和相应的教学方法体系。其中，教学过程结构是支撑教学模式的"骨架"；教学方法体系是填充教学过程的"肌肉"；而教学指导思想则是内含在"骨骼"与"肌肉"中，并起到协调和指挥作用的"神经"。

(二) 高校体育教学模式的特点

高校体育教学模式的特点，具体来说有以下四个。

第一，理论性。高校体育教学模式是在高校体育教学实践中以一定的体育教学思想或理论为指导而建立起来的，因而有着鲜明的理论性特点。

第二，独特性。高校体育教学模式的独特性特点指的是任何一种高校体育教学模式都只表达特定的教学思想，针对特定的教学目标、教学内容和教学环境，适用于特定的教学对象和范围。这就决定了高校体育教师在选择体育教学模式时，必须充分考虑到高校体育教学的目标、内容与环境等方面。

第三，操作性。高校体育教学模式的操作性特点指的是任何一种高校体育教学模式都必须具有较强的操作性，能够真正运用于高校体育教学实践之中。只有这样，高校体育教学模式才能是有价值的。

第四，发展性。高校体育教学模式的发展性特点指的是高校体育教学模式并不是一成不变的，而是会随着社会的发展及学科研究的不断深入而发生一定的改变。这就要求高校体育教学模式必须接受和吸取新的教学思想或理论，以不断对自身进行完善。

(三) 高校体育教学模式的基本类型

以高校体育教学模式的功能目标为依据，可以将其细分为以下三类。

1. "三基型" 高校体育教学模式

"三基型"高校体育教学模式指的是以传授体育基本知识、技术和技能为主要功能目标的传统的体育教学模式。就当前情况而言，"三基型"高校体育教学模式主要由以下三类具体的教学模式构成。

第一，系统学习教学模式，即通过高校体育教师的传授和学生的接受学习，以系统掌握以"三基"为中心的一种教学策略。

第二，程序学习教学模式，即把一个完整的体育动作技术分解成若干个适合学生学习掌握的步骤，使学生按各步骤去学习并及时反馈学习信息，经过强化练习达到预期目标的一种教学策略。

第三，掌握学习教学模式，即以教学诊断和评价为突破口，遵循因材施教的原则，使学生都能掌握学习内容和取得优异成绩的教学策略。

2. "发展型"高校体育教学模式

"发展型"高校体育教学模式是指以培养能力、发展身心素质为主要功能目标的体育教学模式。就当前情况而言，"发展型"高校体育教学模式主要由以下四类具体的教学模式构成。

第一，发现学习教学模式，即使学生在高校体育教师的引导下独立发现、积极探究的一种教学策略。

第二，问题解决学习教学模式，即将体育教学转化为"问题教学"，使学生在高校体育教师引导下通过解决学习性问题来独立掌握知识和技能的教学策略。

第三，目标学习教学模式，即在高校体育教师设计的目标情境下，学生根据自己的学习能力自主地选择目标进行学习的教学策略。

第四，运动教育模式，即将整个教学周期中的不同教学单元扩展为不同的运动季，将学生分为不同的团队，使其通过竞赛、合作学习等形式，提高运动技能、提升运动文化素养、提高身心健康水平的教学策略。

3. "情感型"高校体育教学模式

"情感型"高校体育教学模式是指以培养学生的体育态度、兴趣情感为主要功能目标的体育教学模式。就当前情况而言，"情感型"高校体育教学模式主要由以下三类具体的教学模式构成。

第一，自主学习教学模式，即在高校体育教师指导下，由学生主动参与教学过程，自主选择教学目标，自我设计达到目标的途径，自由组合学习小组、选择练习手段，自主实践练习和进行自我评价的教学策略。

第二，小群体学习教学模式，即在高校体育教师的指导下，使学生按照某种联系组成学习群体，利用"互动、互助、互争"的群体功能，在学习过程中获取知识技能、陶冶性情、发展完善的人格和培养集体主义感的教学策略。

第三，快乐体育教学模式，即以体育运动为基本手段，采用适宜的教法，使学生在学习过程中得到快乐体验的一种教学策略。

二、高校体育教学模式的优化途径

在开展高校体育教学时，可以通过以下两种有效的途径来优化高校体育教学模式。

（一）对高校体育教学模式进行有效的组合

在对高校体育教学模式进行优化时，一种有效的途径是对已有的高校体育教学模式进行有效组合，以促使高校体育教学取得良好的成效。不同的高校体育教学模式有各自特定的目标、条件和范围，不存在对任何具体教学过程都普遍有效的模式。因此，高校体育教师要想更好地实现高校体育教学的目标，就必须重视对多种教学模式进行交替配合使用。

（二）重视构建和完善高校体育教学的师资力量

当前，高校体育教学的师资结构还不够完善，师资力量还比较薄弱，从而导致高校体育教师无法对体育教学模式进行有效的运用。也就是说，高校体育教师的综合素质低下严重制约了高校体育教学模式的实施与完善。因此，在对高校体育教学模式进行优化时，必须重视构建和完善高校体育教学的师资力量。

CHAPTER 04 第四章

运动教育模式探析与理论构建

运动教育模式是美国著名体育学者西登托普在 20 世纪 80 年代初提出的一种相对完整的教学模式，能够有效地培养学生的运动技能、人文化知识、社会适应能力及终生体育意识。现如今，这种教学模式已被广泛应用于世界很多国家的学校体育教学中，并对学校体育教学质量的提高发挥了重要作用。在本章中，将对运动教育模式的相关内容进行详细阐述。

第一节　运动教育模式概述

一、运动教育模式的概念

运动教育模式指的是在整个教学周期中把不同的教学单元扩展为不同的运动季，把学习成员划分为若干个实力相当的团队，以竞赛活动为主要载体，充分运用直接教授、同伴教学、合作学习、团队协作和角色扮演等形式，使学生体验并亲自经历各种真实而丰富的运动情景，把学生培养成具有一定运动技能、运动热情和运动文化素养的人的一种教育模式。

二、运动教育模式的目标

运动教育模式的目标是使学生成为完全意义上的运动员，并帮助他们成为有能力、有素养和有热情的人。

一名有能力的运动员不只是一个知名的游戏玩家，还可以充分发挥自己的能力去参与游戏和活动，并能很好地完成复杂的活动。通过运动教育，学生学会在日益复杂的体育、舞蹈和健身活动中表现得游刃有余。他们逐渐适应这些活动所需的技术和战术，并有足够的练习时间来提升自己的能力和信心。

　　一名有素养的运动员能够很好地理解体育活动的规则、礼仪和传统文化。无论是在儿童体育、青年体育还是职业体育中，有素养的运动员能区分活动做法的好坏。一个有素养的运动员既是一个有能力的参与者，也是独具慧眼的观众或粉丝。了解体育实践和其他形式的体育活动是确保青少年体育活动在健全教育方面设立更安全、更健康的体育和文化活动的先决条件。

　　一名有热情的运动员应该做到的是认识、保护和加强体育文化，如当地的青年体育和体育活动文化、学校体育和体育文化活动或是社区体育和体育活动文化。热情的运动员想要参与体育活动，因为他们很享受运动带来的体验。他们已经发展了强烈的自我效能感，这是帮助人们变得活跃并进行终身体育的一个主要因素。经历过运动教育模式的学生很有可能成为青少年体育项目的志愿者，并确保体育活动项目能在他们的社区中广泛存在。

　　运动教育的一个主要目标是让学生在一项愉快轻松的活动中提升能力，并在整个赛季中对这项活动有充足信心，从而激励他们继续学习并取得进步、增加他们自由参与活动的机会和时间。

　　运动教育的具体目标，主要有以下十个。

　　①发展体能，提高技能。

　　②理解并能够执行体育专项战术。

　　③学习基本的游戏战术，理解游戏和活动的意义。

　　④形成发展的眼光，以适合的水平参与体育活动。

　　⑤培养负责任的领导。

　　⑥能够高效地与团队合作，追求共同的目标。

　　⑦学会欣赏体育活动中的人和事。

　　⑧培养对体育问题做出合理决策的能力。

　　⑨提高学习并应用知识的能力，用于裁判和评价等方面。

　　⑩能积极地参与课外体育活动。

三、运动教育模式的主要特征

　　运动教育是一种课程和教学模式，旨在为学生提供真实的体验，这种体验是终身的和愉快的，有助于帮助他们实现持续运动的愿望。

　　①采用时间较长的赛季模式，赛季比典型的体育单元更长。在小学阶段赛季通常持续10~12节课，而在中学和高中赛季通常持续18~20节课，大学赛季通常持续10节课及以上。

②学生在赛季开始时被分成能力均衡的团队，并在整个赛季保持他们的所属关系，尽一切努力确保球队在赛季中平等地参与活动。

③每个团队的学生都要学习多种不同角色的扮演，每个季节的角色设定因活动而异。每个学生除了运动员的角色外，在运动季节中还可充当的典型角色有教练、设备经理、裁判、记分员、统计员。不同的角色将用于不同的活动中。

④活动内容通常会被修改，以便于学生能够更好地进行学习和获得成功。与项目的原始形式相比，运动教育模式通常是以小型活动的形式进行的（如 3V3足球、2V2 排球等）。

⑤团队逐渐融入赛季的活动中，在活动中重点关注学生的技术和战术。

⑥赛季通常由一系列的比赛组成，如足球赛从 1V1 开始，然后是 2V2，最后是 4V4 决赛。

⑦运动教育模式最典型的组织形式是分成三种能力不同的团队。在比赛中，两个团队进行比赛，第三个团队作为责任团队参加（如充当裁判员、记分员等角色）。

⑧在运动教育季节，整个过程都会被记录，不仅会确定季节性排名和锦标赛排名，还会说明学生在赛季内提高的幅度（如在一场短跑中速度的提升及在篮球赛季 3V3 比赛中的得分和篮板数情况）。

⑨赛季冠军通常由积分系统的结果决定，该系统包括日常团队合作、公平竞争、责任团队的表现和锦标赛的表现等项目的积分。

⑩整个赛季末被设计成节日，以决赛为高潮，以比赛名次、学生表现和公平竞赛点来庆祝这个赛季。

四、运动教育模式的教学过程

运动教育模式与其他传统体育教育模式最大的区别就在于，它打破了传统体育教学的单元化教学，将整个体育教学划分成一个完整的运动季，再将运动季划分为练习期、季前赛期、季中期、季后赛期（图 4-1）。在不同的运动赛期，有针对性地执行不同的教学活动计划安排，让学生在体育活动参与中掌握相应的运动知识、技能，并获得体育运动素养的整体提高。运动教育模式各阶段的教学重点及具体的教学任务会有所不同。

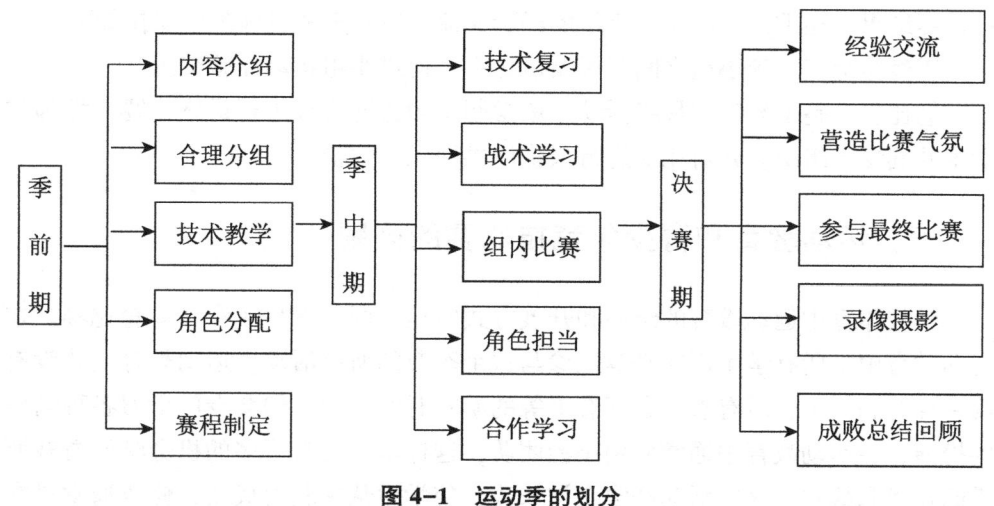

图 4-1 运动季的划分

（一）赛前练习

在运动季的开始阶段，教师对学生的体育运动知识、技能进行直接的教学指导，主要教学安排包括以下两个方面内容。

①教师讲解体育理论基础（包括竞赛规则与裁判知识）。

②教师对具体运动技能进行教学示范，并组织学生演练。

（二）季前期

季前期的主要教学任务是基础性教学竞赛准备，具体教学安排如下。

①教师对学生进行诊断评价、合理分组、明确角色分配定位。

②学生学习运动技术，构建和谐的小组关系。

③师生共同制定赛程表。

（三）季中期

季中期的主要教学任务是对战术应用的介绍。该阶段的教学安排如下。

①组织学生进行小组配合练习，明确运动角色分工。

②组织小组内比赛，促进学生更好地掌握体育技战术。

（四）决赛期

决赛期的教学活动包括经验交流和比赛两部分，以教学比赛为主，但不光重视比赛结果，还重视不同学习小组的经验交流。决赛期的具体教学安排如下。

①经验交流。各小组之间开展友谊比赛，促进小组运动经验交流。

②比赛。整个教学的最终活动，依据制定的比赛规程进行最终比赛，教师与学生共同参与组织，并对比赛进行录像以供回顾与评价。

五、运动教育和青少年竞技比赛的区别

学校体育中运动教育的组织和开展方式明显不同于青少年竞技体育比赛。在运动教育中，所有学生都能平等地参与这个季节的所有活动。运动教育团队没有第一梯队和候补，所有参与者都有平等的游戏时间。学生们会专门学习各种角色的扮演，在运动教育中通常使用小型团队，这样学生就有更多的机会学好游戏所需的技术和战术。这些活动经常会被修改，使学生从中获得成功，修改通常是在参与者数量和活动本身方面进行，也就是要参与适合发展的。当活动以原始形式进行时，技能较好的同学往往占主导地位。比如，从1V1比赛开始的初级篮球赛开始，为了更好地发挥作用，参与1V1的学生必须学会运球、进球、投篮及防守战术。接着进入2V2比赛，会加入传球和补漏球及双人防守。最后的4V4，采用更复杂的战术，并引入守门员技术。

修改规则时，应在改变次要模式的同时保护游戏的主要规则。例如，篮球作为一种具有侵略性的游戏，强调通过运球和传球来移动球，并通过投篮得分。次要规则，如团队规模、球场规模、球网高度和球的大小都被改变以适应学生的发展。

此外，其与其他形式的青年体育比赛的一个主要区别是学生在运动教育中学习和执行不同角色。如上所述，学生不仅包括运动员，还包括教练员、裁判、记分员、统计员和其他角色。

第二节 运动教育模式的理论综述

运动教育模式的构建是以一定的理论为基础的，具体包括基本理论和学科理论两个方面。

一、运动教育模式的基本理论

运动教育模式的基本理论，主要包括以下几方面的内容。

（一）游戏理论

在运动教育模式的基本理论中，游戏理论可以说是最为基础的一个。游戏是激发人们参与运动的一种有效手段，人类的游戏活动是由内部动机所引发的行为，游戏的目的就是追寻快乐。它不受物质等外部因素的影响，没有太多的外在功利性。每一个游戏都有一定的游戏方法与规则，这些方法与规则由游戏者来制定，并在游戏中自觉遵守。但是，游戏本身又具有潜在的教育价值，这些教育价值能够对学生的行为产生潜移默化的影响。因此，在体育教学中引入运动教育模式时，必须以游戏为基础理念，把体育活动的游戏本质还给学生。

（二）需求层次理论

在运动教育模式的基本理论中，需求层次理论也是一个重要的组成部分。需求层次理论是由美国心理学家马斯洛在 1943 年提出的，他认为人的需求像阶梯一样从低到高按层次分为五层：第一层是生理需求，属于基本的生存生理需求的满足，如呼吸、喝水、进食、睡眠等；第二层是安全需要，如人身、财产、家庭安全等；第三层是情感和归属的需要，如亲情、友情、爱情等；第四层是尊重的需要，每个人都希望自己能得到社会、同事、朋友、家人的认同与尊重，这种尊重不仅来自他人，也来自个体本身；第五层是自我实现的需要，其在需求理论中是最高层次的需要，是指个人能力找到了施展的空间、个人的理想得以实现并产生了一定的社会效应。研究发现，需求理论与运动教育模式的基本框架，有着诸多的对应性和关联性。比如，"生理需要与安全需要"对应"运动季的练习期"，二者都属于基础保障性的，生理和安全的需要是更高层次需要的前提基础，体育运动的基本技术是所有比赛的基础；"情感和归属的需要"对应"运动团队联盟"，都是期望团队或亲人、朋友间能相互关心和相互照顾，有归属感；"尊重的需要"对应"团队的自我管理"，都强调所有成员间的互相平等与尊重互助；"自我实现的需要"对应"最终比赛"，运动季的最终比赛是个人和团队能力的最佳表现场所，能帮助学生达成自我实现的需要。

综上所述，在运动教育模式的基本理论中，需求层次理论是绝不能被忽视的一个重要基础理论。

（三）正义理论

在运动教育模式的基本理论中，正义理论也是一个不可忽视的重要理论基础。正义理论是由美国哈佛大学教授约翰·罗尔斯提出的，他在其著作《正义论》中提出："正义是社会制度的首要价值，每个人都拥有基于正义的不可侵犯性。"罗尔斯的正义理论强调平等、对人的尊重，这与人们的心理和愿望相吻合。在正义理论中，有一条十分著名的原则，即差别原则与机会平等原则。就差别原则来说，约翰·罗尔斯承认差距的存在，强调在权衡团队利益时要向弱者倾斜；机会平等原则，强调各种竞争机会的平等性。在学校体育教学中，学生的能力起点（体育运动的认知能力、技能水平、参赛经历、体能状态等）差异很大，如何使不同水平的学生在教学中能真正地被公平对待，这仍是当前较为棘手的问题。

运动教育模式强调在开展体育教学时，要注意通过团队的自主管理，实现每个人机会的均等，每人都要扮演不同的角色，平等地分配上场比赛的时间，甚至于为了提高团队的整体作战能力，还要把更多的机会让给水平较弱的人。

（四）团队学习理论

在运动教育模式的基本理论中，团队学习理论可以说是最为重要的一个。1994 年，美国教育学者倡导在教育过程中实施固定的小团队原则。而研究证明，固定的学习小团队在学生学习成绩提高方面有着促进作用。同年，教育学者科恩也对小团队学习进行了研究，认为互帮互助、和谐、稳定的学习团队能帮助学生产生高效的学习效果，帮助学生形成良好的概念化学习能力。西登托普则强调团队协作是运动教育模式中最重要的特征和理论基础的中心概念，团队成员关系也将从运动季开始保持到运动季结束，具有很强的稳定性。此外，运动教育模式的团队协作与稳定、和谐的团队成员关系在提高学生学习成绩方面有着积极的促进作用，且具有理论上的科学性。

综上所述，在运动教育模式的基本理论中，团队学习理论也是绝不能被忽视的一个重要基础理论。

（五）情景学习理论

情景学习理论是美国加利福尼亚大学伯克利分校的让·莱夫教授和独立研究者爱丁纳·温格于 1991 年基于对在一定社会和职业环境中学徒关系的人类学研究基础上发展起来的。该理论认为，学习实质上是一个文化适应与获得特定的实践共同体成员身份的过程。以上二位学者将情境学习的这种过程称为合法的边缘性参与，这是情景学习理论的中心概念。同时，他们还针对情景学习理论提出了

"实践共同体"的概念，并把它定义为一群追求共同事业，一起从事着通过协商的实践活动，分享着共同信念和理解的个体的集合体。

运动教育模式是以比赛活动为主线，并把学生置身于真实而丰富的运动情境中，学生以固定团队为单位，通过自主学习与合作学习，完成学习任务并实现共同的教学目标。因此，情景学习理论也是运动教育模式的重要基础理论。

（六）社会学习理论和构建主义学习理论

社会学习理论认为，人类的学习是与环境和他人相互影响的。我们通常是通过模仿他人、倾听他人、与他人交流来获得知识，这是以行为心理学理论为基础的，其特别强调他人在学习过程中的影响；构建主义学习理论则强调学习的过程，尤其是营造一种和谐与民主的环境，允许学生之间以他们已经掌握的知识为基础进行相互的影响。

运动教育模式的一个重要特征就是学生在团队建设与合作学习中，通过在真实的运动情境中扮演不同角色，体验不同感受，使其能够相互促进与全面提高。此外，团队协作过程本身就是学生与学生之间相互交流与影响的过程。因此，社会学习理论和构建主义学习理论也是运动教育模式的重要基础理论。

二、运动教育模式的学科理论

运动教育模式的学科理论，主要包括以下几方面的内容。

（一）哲学

哲学观认为，一切的客观事物都是运动、变化和发展的，存在着普遍性联系，并伴随着运动发展的规律。而运动教育模式的重要特征就是强调依据学生的实际情况进行因材施教，并要求各个学校依据自身的实际情况及学生的具体特点对这一教学模式进行运用。从这一角度来说，哲学是运动教育模式的一个学科理论基础。

（二）系统论

系统论认为，任何事物的发展过程都是密切联系和有序排列组成合乎规律的有机统一整体。任何系统想要实现整体功能的进一步优化，都必须通过结构与各要素之间的优化递进才能够逐步实现，因为一个完整的系统是由各组成要素按照一定方式联系而成的整体，其最大的特点就是整体功能大于各部分功能之和。

运动教育模式将教学结构分为体育教学指导思想、教学方法体系、教学过程结构、教学程序和完成最终的教学目标五个层次，并强调这五个层次有机配合才能取得良好的成效。从这一角度来说，系统论也是运动教育模式的一个学科理论基础。

（三）教育学

在教育学中，最为基础的学科便是教育学原理。教育学原理广泛存在于人类生活中，具有一定的稳定性与客观性。同时，教育学原理是教育、社会、人与教育各内部因素之间本质的联系和必然的关系，为研究各级各类学科教育提供了思想方法和理论观点。当代的教育是以人本主义为理念核心，注重体现以人为本的价值取向，教学目的是发展个性化教育，挖掘学生潜质，调动学生积极性，注重因材施教，强调学生自主学习和自我价值的实现，建立良好的师生、生生关系并营造出民主、和谐的教学气氛。

运动教育模式强调在开展学校体育教学时，必须以情感需要为基础，给予学生足够的活动空间，调动学生学习的自主性和参与的积极性，注重增强学生的体质，提高学生的运动技能水平，发展学生的心理品质及培养学生的社会适应能力，让学生得到不同程度的成长与协调发展。从这一角度来说，教育学也是运动教育模式的一个重要学科理论基础。

（四）心理学

在运动教育模式的学科理论中，心理学也是十分重要的一个。心理学的研究表明，人们对自己感兴趣的事物会产生强烈的求知欲，并积极主动在求知的基础上进行实践与探索。运动教育模式充分利用了心理学的这一研究成果，其在整个教学过程中结合游戏与比赛的形式，强调学生的主体地位，呈现给学生一种具有趣味性、丰富性和体验式的教学活动，通过改良后的弱竞技性的运行项目以使学生能够体验到成功的喜悦和自豪感，并将这些感觉融入教学活动中，进而锻炼了学生的组织能力、提高了学生的创新能力、增强了学生的自信心，更坚定了学生学习体育运动的信心、培养了学生积极参与体育运动的习惯。从这一角度来说，心理学也是运动教育模式的一个重要学科理论基础。

第三节 国内外运动教育模式的研究现状

一、国外运动教育模式的研究现状

20 世纪初，美国进步主义教育运动推动了学校体育教育的发展，形成了"通过身体进行教育"的发展模式，这促进了运动教育模式的产生。1968 年在西登托普先生的博士论文《学校体育中的课程理论》中，最早论述了游戏教育理论，在其专著《运动教育完全指导》中指出：运动教育是一种课程和教学模式。

1968—1982 年，运动教育模式处于萌芽阶段，西登托普第一次提出将运动营作为体育中的一个科目，同时第一次提出运动教育的思想。1983—1993 年，运动教育模式进入创立阶段，西登托普在教学中第一次运用运动教育模式授课，发现了运动教育模式在提高学生的学习动机、激发学生的学习兴趣方面有明显促进作用，这使运动教育模式的教学过程与方法逐渐形成，运动教育思想体系不断发展和完善。1994 年是运动教育模式的发展成熟之年，西登托普出版了《运动教育——通过积极地运动体验提高教学的质量》，该书全面介绍了运动教育模式。2004 年，西登托普出版了专著《运动教育完全指导》，使运动教育模式的发展逐渐系统化。

Michael W. Metzler（2000）曾表示，运动教育模式在每一个教学单元中均有涉及，从运动季的特点出发可以从准备、赛前、赛中、赛后及结果中分成五个部分。

Derek J. Mohr，J Scott Townsend 和 Sean M（2001）曾表示，运动教育模式可为教师提供多样化的教学方法，在相关理论体系完善的基础上有效激发了学生的参与性，并培养了学生的体育精神。

Tristan L. Wallhead（2004）曾表示，从学生学习动机的角度出发，可将学生分为实验组和对照组两个部分，采用干预实验的方式深入研究学生的运动体验，大多数学生表示团队协做更能有效激发他们参与体育运动的热情，由此可见这一教学模式可更好地培养学生的体育精神、体育意识，提高学生的主动参与度。

2005 年，Wallhead 和 O'Sulivan 对运动教育模式的研究现状做了综述，指出 2005 年以前的研究主要集中于运动教育模式对学生价值的挖掘，即运动技能、战术知识能力、健身、个人与社会发展、学生态度和价值观的影响。

Sidentop. D. Hastie P 和 Huns Vander Ma（2011）在其专著中全面具体地将运

动教育模式在教学中操作的各环节进行了详细介绍。

2006 年至今，研究运动教育模式的国家中，母语为英语的国家（美国、英国、澳大利亚和爱尔兰）占 43.8%，但在英国、澳大利亚和爱尔兰等国家的研究较少，在亚洲就更少；所有的文献以实证研究居多；研究运动教育模式的年级是一些中学的七至九年级，人数为 20 人左右，其次是高中（九至十二年级），人数为 11 人左右，对小学生和大学生研究得较少；足球、曲棍球、排球是运动教育赛季采用最多的运动项目；运动教育研究综述研究大部分使用定性分析，小部分使用定量分析。定性分析中使用最多的是解析归纳法与常数比较法，通过分析学生与教师对运动教育的看法归纳出结论，并对学生技能、战术意识等方面的测试结果进行比较得出结论。定量分析中多采用 SPSS 进行数量分析。有些学者在研究的定量分析采用了"应用行为分析法（技术）"，有的采用了克朗巴哈系数法对身体活动小组氛围问卷进行了统计。在研究内容中，对学生价值的研究进一步深入，此外又新增了运动教育模式对学生道德发展的研究、残疾儿童的运动教育模式的研究、运动教育模式与其他教学方法的结合使用研究等内容。

国外运动教育模式的基础理论及教学实践运用研究已非常成熟，有丰富的实践经验积累，形成了系统的理论体系。当前相关研究主要侧重于"运动教育模式下的教学微观研究（如运动教育中的性别歧视和男性偏见、学生的道德发展、学生与老师对于教学任务的协商及运动教育模式与其他教学方法的创新实施研究）"和以运动教育模式的实证研究为主。

二、国内运动教育模式的研究现状

从 20 世纪 80 年代开始到现在，"运动教育模式"在澳大利亚、北美洲、欧洲等地的发展和实践运用已经非常成熟。以"Sport Education"和"运动教育模式"为关键词，在中国知网上共检索到与运动教育模式相关的中文文献 251 篇，且均发表在 2004 年以后，这表明关于运动教育模式的研究开始于 2004 年 10 月 DaiylSiedentop 教授来华讲学之后。国内关于"运动教育模式"的研究在 2011 年之前每年不超过 10 篇，2012—2019 年平均每年发文量约 21 篇，其中 2017 年发文量最多，达 37 篇。

研究主要围绕运动教育模式的理论、运动教育模式引入我国体育教学的理论研究和运动教育模式在我国体育课教学中的应用研究三个方面。具体代表性研究有：

高航和章荣江（2005）曾结合运动教育模式的特征、理论、过程及教学目标进行具体研究；高航和吴铁桥（2005）曾在相关研究中参考了国外成型的研究成果，并以此为基础对运动教育模式的理论与实践过程进行了探讨，同时解析了组成运动教育的单元结构，以宏观和微观的角度分别对体育教学中运动教育模式的实践情况进行了研究；高航和高嵘（2010）将运动教育模式分解成多个教学阶段，设置了符合我国体育教学特点的运动教育模式使用步骤，为教学过程设计了更具适用性的单元结构图和课堂时间分配表，有效提高了我国体育教育的准确性。

姜艳和谭小勇（2010）针对 SE 模式在美国体育教学课程中的应用进行了深入研究；陈雁飞（2005）针对运动教育模式涉及的教育、课程理念进行了深入研究，并阐述了运动教育模式在我国体育教育改革中的特征和作用，找到了运动教育模式与我国体育教育改革理念的相似之处，设计了更具适用性的教学过程模式，实际解决了我国体育教学中的诸多难题；蒋晓培（2006）在相关研究中，通过运动教育模式引入普通高校体育选项课的理论研究，得出了运动教育模式能强化学生的参与感这一结论；蒋新国、肖海婷（2007）在《美国运动教育模式对我国学校体育课程改革的启示》的研究中指出，运动教育模式在我国的实践过程需要结合我国当前体育教学的特征和主要方法，对体育设施、器材也有一定的要求，需要及时优化教学场地；于国辉（2008 年）在高校的排球课程中进行过运动教育模式实验，按照一定的要求将实验班级进行了队伍划分，每支队伍的人数、水平均相等，并以 ABC 来区分队伍，根据一段时间的实践研究，他还为实验班级设置了 SCL-90 量表，对影响学生心理健康情况的因素进行了对比，得出运动教育模式可有效激发学生的参与热情，引导学生的心理健康发展这一结论。

杨艳（2013）曾在高校健美操课程中进行了运动教育模式实验，针对学生们在实验前后的肢体表现和效果进行了剖析，同时参考学生的自我评价、技能成绩等指标建立差异性分析方案，得出运动教育模式对健美操教学效果有着极大的推进作用，可有效提高学生的健美操技能，培养学生的运动素质的结论；熊艳（2013 年）对运动教育模式在健美操教学中的应用进行了研究，发现运动教育模式值得在全国体育教学中推广；王思文（2015）对运动教育模式在高校篮球教学中的应用进行了研究，结论为：相较于传统的体育教学方式而言，运动教育模式可以改善学生的课堂参与度，增强学生的团队荣誉感，在实际教学过程中可以通过分组形式设置课堂比赛，同时参加运动季赛，使学生切身感受到体育运动的魅力，组织学生在教学过程中参与到裁判员的角色中，了解体育运动的规则，锻炼学生的运动欣赏能力并培养其自主管理能力；熊艳和马鸿韬（2015）从学生运动强度的角度出发，研究了在运动教育模式教学下产生的不同影响，得出运动教育模式可有效促进学生身体健康的结论；陶海涵（2019）曾研究了运动教育模式在初中健美操课中的应用，该研究采用文献资料法、实验法及问卷调查法，以 108 名学生为调查对象，测验实验对象各成员的身高、体重、身体素质及健美操掌握程度，并派发多种调查问卷、量表，其中调查问卷为学生《课前学生学情调查及教学满意度问卷》，量表则包括针对心理素质分析的《中学生心理素质量表》和针对学生兴趣制定的《体育学习兴趣量表》。同时将调查对象分为实验、对照两个班级，并采用运动教育模式和传统体育教学模式对学生进行健美操的授课，发现运动教育模式对于提升学生身体素质（速度、耐力、肺活量、体前屈能力）方面的作用较明显。指出运动教育模式能有效帮助学生掌握健美操技能，不仅体现在体操表演分数上，还体现在团队精神方面；运动教育模式能有效改善学生的心理素质，有助于提高学生的学习兴趣。

从已有的研究文献来看，基础理论研究少于实践研究，且在核心期刊上发表的文献甚少，说明研究水平不高，较为肤浅。已有实证研究涉及的运动项目包括田径、篮球、乒乓球、健美操、排球、武术、羽毛球、足球、网球，研究的是运动教育模式对学生学习兴趣、身体素质、运动参与、情景动机、道德的影响。多数研究认为比起传统教学模式，运动教育模式的成效更明显。它有助于学生运动技能的提升、学生学习态度的改善。教学实验只是简单说明从数据上分析，运动教育模式的教学效果优于技能掌握式教学模式，但具体的操作过程和方案未能呈现，不能为一线体育教师提供直观、明朗的借鉴。另外，已有文献研究的对象主要集中在大学生群体，对中小学生的研究很少。还有学者对运动教育模式与传统教学模式进行比较，包括从形式到内容的比较。已有文献中对运动教育模式的具体过程操作进行研究的屈指可数。本专著是在深入学习美国著名体育学者西登托普运动教育模式研究的基础上，借鉴国外运动教育模式的教学实践研究及国内学者在大学体育教学中运用运动教育模式的实践基奠开展研究，力求展现在体育教学实践中具体应用运动教育模式的过程操作，为一线教师提供切实可操作的教学借鉴。

第四节　运动教育模式的本土化研究

运动教育模式最早是出现于美国的一种教学模式，后来被应用到世界各个国家的体育教学中。不过，世界各个国家在学校体育教学中引入运动教育模式时，并不能盲目地对其观点和内容进行全盘吸收，而是要针对自身的实际情况进行本土化改造。就我国学校体育教育而言，在推进运动教育模式本土化的过程中，应特别注意以下两个方面。

一、要在立足于我国学校体育教育传统的基础上应用运动教育模式

随着教育国际化发展，我国学校体育课程也获得了迅速发展。在这一过程中，许多西方经典教育理论、教学模式被引入国内，极大地丰富了体育教学课堂，拓宽了体育教育研究视野。不过，这也使我国学校体育教学面临着前所未有的考验。这是因为西方课程理论扎根于西方社会历史文化，是用来解决西方教育实践中的问题的，这极容易导致我们盲目地与国际接轨。事实上，用国外课程理论解决中国教学问题，不仅会造成对国外课程理论的"误植"，而且可能导致文化殖民侵入，使本土教育丧失话语权。因此，学校体育教学在应用运动教育模式时，必须立足于我国学校教育的传统，确保运动教育模式可以实现本土化转变。为此，必须做好以下三方面的工作。

第一，要立足我国教育国情，放眼世界，在继承我国传统学校体育课程理论的前提下，以课程理论和实践发展为基点，移植、借鉴和转化运动教育模式理论体系与实践经验。

第二，要借鉴运动教育模式在美国、新西兰和澳大利亚等国家的成功研究范式和实践经验，积极融合我国学校体育课程理论精华，确保运动教育模式内化为本土体育课程理论体系的一部分，能够在我国本土充分发挥作用。

第三，要注意构建本体化的运动教育理论体系，在这一过程中应注意合理融入新思维、新方法、新内容，创生出本土学校体育教育理论的体系，逐渐形成独具中国特色的学校体育课程教学模式理论体系、话语体系、研究范式和解释框架。

总之，运动教育模式只有真正实现本土化，体现出本土语境、本土精神和本土特色，才能在我国学校体育教学中发挥积极的作用。

二、要基于我国学校体育教学的实践问题应用运动教育模式

辩证唯物主义认为，实践是检验真理的唯一标准。再好的教育理论都必须要经得起教学实践的检验，运动教育模式本土化也不例外。也就是说，我国学校必

须基于体育教学的实践问题来应用运动教育模式。

运动教育模式自 2004 年传入我国至今，已有十多年，相关理论研究成果与日俱增，但是没能解决学校体育课程实践具体问题。运动教育理论相关研究者缺乏问题意识、责任意识，存在重理论研究、轻实验实证研究的现象，且多数实验研究只是简单地模仿和移植，缺乏严谨的、科学的、系统的实验实证研究，更缺乏重大的运动教育理论实践价值和课程改革的实验，以至于理论无法有效指导实践，实践中产生的问题无法得到合理的理论解释。因此，在推动运动教育模式的本土化时，必须充分结合我国学校体育课程实际，坚持以科学的精神、思维和方法，系统地对运动教育模式展开实验实证研究，充分验证本土的实践效果，并从实证研究中归纳总结出普遍"真理"，敏锐捕捉实践中出现的有理论、实践价值的问题加以科学研究，高度理性地揭露问题本质，形成适合本土学校的运动教育模式。只有这样，运动教育模式才能真正在我国的体育教学中发挥作用，继而推动我国学校体育教学不断取得成效。

CHAPTER 05 第五章

运动教育模式在高校体育教学中的引入与构建

就我国当前高校体育教学的现状而言，引入运动教育模式既有一定的必要性，也有一定的可行性。此外，对于我国学校体育教学来说，要想对运动教育模式进行有效运用并确保其能够发挥重要的作用，就必须立足于我国学校体育教学的实际对运动教育模式进行重新构建。在本章中，将对在高校体育教学中引入与构建运动教育模式的相关内容进行详细论述。

第一节　运动教育模式引入高校体育教学的必要性与可行性分析

一、运动教育模式引入高校体育教学的必要性

在高校体育教学中引入运动教育模式的必要性，主要是通过以下几个方面表现出来的。

（一）运动教育契合当前的教育思想

运动教育完全符合当前学校课程和教学的趋势，是以学生为中心的体育教学方法，因为它把学生放在学习过程的中心，赋予他们真正的责任。它也是情境学习的典例，因为运动教育学习是高度语境化的，这意味着学生学习的东西可以应用于校外的实践。在运动教育中，学生的一系列表现都是公开的，所以更容易获得真实的评价。学生们在篮球比赛中记录篮板球、投篮的百分比及失误，也可以判断同学的体操动作是否到位，以及在比赛中记录分数。当团队表演体育舞蹈时，裁判根据设定的标准给他们打分。在评价时，这些被称为展演，也就是说它们是一个公开的表演，实际的表演会带来真实性。学生的表现被记录下来为评价

提供了真实的材料，它可以帮助判断是否所有步骤都在朝着预期的目标进展及学生是否获得了令人认可的成绩。

对运动教育至关重要的小组学习要求团队成员在许多任务中进行合作。因此，该模式与各种形式的合作学习是一致的。而且，正如在一个成功的团队合作模式中一样，尽管团队绩效是一个重要的结果，但是所有团队成员都要对他们个人所负责的部分尽责。

运动教育也符合对当前项目的学习的规律。当学生计划一个赛季很长的团队战略时，团队的目标就变成了一个项目。在基于项目的环境中，学习是具体的而不是抽象的。学生不是独立学习，而是与队友一起学习和交流，以度过一个成功的赛季。

(二) 高校体育教学改革的需要

对运动教育模式进行分析可以发现，其重视将教学目标合理设置到具体教学实践过程中，具有较强的可操作性。同时，在采用运动教育模式开展教学工作时，学生既是学习者又充当着组织管理角色，通过探索与发现、同伴之间通过相互沟通与交流及自主学习等方式共同完成所教授的学习任务。教师在这一阶段中则主要引导教学、辅助练习和纠正错误，适时充当着教练员的角色。

我国高校体育教学的基本目标和发展目标包括运动参与、运动技能、身体健康、心理健康与社会适应五个方面，其中教师最难把控的就是运动参与、心理健康与社会适应三个目标。基于我国当下的实际情况（专项师资力量滞后、场地器材不足及受传统观念的影响较大），运动教学模式可为我国的高校体育教学改革提供一些有益的经验。

(三) 实现多元化体育教学目标的需要

我国高校体育教学的基本目标和发展目标包括运动参与、运动技能、身体健康、心理健康与社会适应五个方面，其中教师最难把控的就是运动参与、心理健康与社会适应三个目标。运动教育目标是使学生成为完全意义上的运动员，并帮助他们发展成为有能力、有素养和有热情的人，这与我国高校体育教学的基本目标相吻合。运动教育特别重视将教学目标合理设置到具体教学实践过程中，具有较强的可操作性。同时，在采用运动教育模式开展教学工作时，学生既是学习者又充当着组织管理角色，通过探索与发现、同伴之间的相互沟通与交流以及自主学习等方式共同完成所教授的学习任务。这不仅可使学生的运动技能和体能水平得到提高,还有效地发展了学生的运动参与热情、心理健康与社会适应能力。

1. 运动教育模式能够提高学生的运动技能水平

与传统教学模式相比,运动教育模式对学生运动技能的掌握和运用具有明显的促进作用,可以有效地提升学生的运动技能水平。原因主要是:第一,运动教育模式的课堂是以合作学习和伙伴学习为学习方法的教学,有利于学生主动学习,同时加大课堂上学生自觉锻炼的强度和密度,对技能的掌握有直接的积极影响。第二,教学中,比赛是教学过程的主线,且较为合理地设计了比赛内容。学生为了在组间的比赛中获胜,团结一心,互帮互助,提高了技能练习效率和队形设计的科学合理性,在很大程度上保证了技能的完成质量。

2. 运动教育模式能够增强学生的体能

运动教育模式要求在开展体育教学活动时,要注意锻炼学生的力量、速度、柔韧性等各项身体素质,增强学生的体质,促进学生综合身体素质的提高。从这一角度来说,在高校体育教学中引入运动教育模式,是增强学生体能的需要。

3. 运动教育模式能够提高学生的运动参与热情

体育参与的动力调节系统是推动个体从事体育活动的相对稳定又可变化发展的多因素、多层次的驱动系统,包括体育参与需要、体育参与动机、体育兴趣、体育态度、体育习惯等要素。相关研究表明,运动教育模式对端正大学生的学习态度、增强他们的学习兴趣和内部动机都有着积极影响,即运动教育模式可以显著提升大学生的运动参与热情。

4. 运动教育模式能够提升学生的心理健康水平

在开展体育教学时,除了要重视增强学生的体能,还必须重视提高学生的心理健康水平。而运动教育模式注重满足学生的情感需要、培养学生良好的个性品质、促进学生心理的健康发展,因而将其引入高校体育教学是十分有必要的。

5. 运动教育模式能够提高学生的社会适应能力

在运动教育模式中,从运动季的开始到比赛的结束,整个教学过程都是以团队为单位,以比赛活动的方式来进行学习的,且学生在团队中可扮演不同角色、担当不同职责,成员之间相互帮助与合作学习,促进各成员均能有所提高。据权威资料显示，通过担当角色的扮演将有助于提高学生的学习效率和社会适应能力。因此，在高校体育教学中引入运动教育模式，可以使学生在潜移默化中体验和认知社会角色，并学会如何扮演好社会角色。如此一来，学生在毕业进入社会后便能更好地适应社会。从这一角度来说，在高校体育教学中引入运动教育模式是提高学生社会适应能力的需要。

（四）教育人文化发展的需要

在采用运动教育模式的教学中，始终贯穿着运动文化和人文素养的教育。运动教育模式在体育教学中将学生置于直观而真实的运动情景中进行教学，目的是把学生培养成为有运动能力、有运动热情和有运动文化素养的人。为此，运动教育模式在开展实践教学时，会注重营造一系列具有人文化教育意义的庆祝活动，通过文化素养的教学和实践的操作让学生加强对运动礼仪、传统习惯的学习和强化人文化意识，从而更好地理解和领会当代教育所赋予的涵义。这对于我国教育人文化的发展而言是十分重要的举措。

（五）德育养成的需要

加强学生德育是推进中国特色社会主义事业的必然要求，也是深化教育领域综合改革、促进学生健康成长的现实选择。充分发挥课程的德育功能是课程改革的需要。体育教育是德育发展的有效途径。体育运动本质上就是一种道德实践，然而，学生仅仅参与体育运动不一定能促进其道德发展和养成，道德行为必须在课堂上被教导。运动教育模式是体育道德发展和养成的中介，是将体育运动和学生道德教育联系起来的纽带；运动教育模式中的道德契约、运动小组、改变练习与游戏的条件和奖励四种方法的综合运用是学生道德发展和养成的有效路径。总之，运动教育的实施可为学生德育教育实践提供场域和道德行为经验，从而切实促进学生的道德养成。

二、运动教育模式引入高校体育教学的可行性

运动教育模式与我国高校体育教育思想和教学理念有着较高的一致性，因而将运动教育模式引入高校体育教学是有很大可行性的。具体而言，将运动教育模式引入高校体育教学的可行性主要表现在以下几个方面。

（一）运动教育模式与高校体育在体育教学目标方面有较大的一致性

运动教育模式与高校体育教学在体育教学目标方面有较大的一致性，这使得运动教育模式能够运用到高校体育教学中。具体来看，运动教育模式与高校体育教学在体育教学目标方面的一致性主要表现在以下几个方面。

1. 重视发展学生的运动技能

高校在开展体育教学时，一个重要的目的便是不断提高学生的运动技能水平。体育课程教学以体育锻炼和运动技能的掌握为主要手段，如果没有运动技能的学习，体育课程教学将失去它的教育价值。我国高校在开展体育教学时，多采用相对枯燥且乏味的灌输式传统教学，这导致学生参与体育运动的兴趣和热情大大降低，甚至不再重视终身体育的重要性。然而，运动教育模式通过比赛游戏贯穿于整个体育教学过程中，且注重培养同学间的互帮互助，以赛带练，引导学生担当体育组织管理者及裁判员等角色，从而使学生更加全面地学习与成长，培养其良好的运动热情和终身体育意识，并最终实现学生运动技能水平的提高、体质的增强及终身体育意识的培养。从这一角度来说，将运动教育模式引入高校体育教学具有很大可行性。

2. 重视提高学生参与体育运动的积极性

高校在开展体育教学时，特别重视引导学生参与到体育运动中。对于学生来说，参与体育运动也是其发展运动技能、增强体质和养成良好运动锻炼习惯的重要途径。对此，在具体实践教学过程中，教师应高度重视引导学生投入真实而丰富的运动情境中，从而提高学校体育教学的学生参与度并使学生能够享受运动参与所带来的快乐与成功的体验。而以"人人参与""健康第一"为教学理念及原则正是运动教育模式所倡导的。运动教育模式在具体教学中强调针对不同水平的学生设置与之相适应的教学内容及活动比赛，使学生全面参与到体育教学中，通过扮演不同角色，体验不同角色所赋予的责任与义务，最终让每一位学生都能体验到运动的乐趣并得到不同水平的提高与发展，培养其运动热情和养成锻炼习惯。从这一角度来说，将运动教育模式引入高校体育教学是有很大可行性的。

3. 重视增强学生的心理健康水平

我国高校体育教学已意识到增强学生心理健康水平的重要性，但在具体的体育教学活动中并未将其落到实处，这导致学生的情感需要往往无法得到有效满足。而运动教育模式在体育教学过程中非常注重学生个性化的培养与发展，重视学生的心理健康与情感需要。从这一角度来说，将运动教育模式引入高校体育教学是有很大可行性的。

4. 重视提高学生的社会适应能力

对于高校体育教学来说，提高学生的社会适应能力也是其要实现的重要目标之一。高校体育教学活动因其自身的特殊性，既是一种身体活动、社会活动，也是一种心理活动，其不仅能增强学生体质、促进学生的健康，而且对学生的社会适应和心理健康方面都有积极的作用。而运动教育模式注重在潜移默化中提高学生的社会适应能力，因而将其引入高校体育教学也是有很大可行性的。

（二）运动教育模式与高校体育在教学内容方面有较大的一致性

运动教育模式是用一种类似于培养运动员的方式对学生进行教育，运用这种模式的前提是学生必须具备一定的运动技术基础。而我国高校在体育教学内容方面，多以技能运动、体能教学为主，因而很适合运用运动教育模式。

（三）高校体育教学的课时安排能够满足运动教育模式的需要

无论是要熟练地掌握某一项运动技能，还是要实现某一个体育教学目标，都需要有充足的教学课时作为时间保障。运动教育模式的教学单元为 20 课时以上，而高校一个学期共有 34 个学时来进行体育学习，完全可以满足。这就说明将运动教育模式引入高校体育教学是有较大可行性的。

（四）高校教师对运动教育模式已有一定的了解

教学模式的运用效果与运用这一教学模式的教师有着极为密切的关系。具体到运动教育模式来讲，其需要教师对运动教育模式有一定的理解，能够策划教学内容、引导整个教学过程，并帮助学生扮演好学习者、决策者等多种角色。对当前高校体育教学的师资队伍进行调查可以发现，绝大多数体育教师已经接受了运动教育模式，而且已对运动教育模式的内涵有了准确的了解和把握，这也为运动教育模式在高校体育教学中的运用提供了重要支持。

（五）高校学生能够良好地适应运动教育模式

运动教育模式要求学生具备良好的自我管理能力，能够充分发挥自己的积极性和主动性，与其他学生进行良好的合作学习，并能够在学习者、决策者等多种角色之间进行灵活转换。而高校学生随着身心发育的不断成熟，已经具备了一定的主体意识和合作意识，而且自我管理能力有了较大的提高，完全能够适应运动教育模式。从这一角度来说，将运动教育模式引入高校体育教学是有较大可行性的。

第二节　运动教育模式在高校体育教学中的构建

就当前情况而言，可以从以下几方面着手对运动教育模式进行重新构建。

一、重新构建教学目标

运动教育模式最早出现于美国，因而其原本的教学目标是基于资本主义发达国家——美国的学校体育教学而设定的。然而，我国属于社会主义发展中国家，具体的国情及体育教育体制都与美国存在一定的差异性。因此，在运用运动教育模式时，必须结合我国的国情、学校体育教学的环境及学生的具体特点对其教学目标进行重新构建。在这一过程中，需要包括以下几方面的内容。

（一）重新构建运动参与目标

重新构建的运动参与目标，应该是通过体育游戏和比赛活动的教学，来充分调动学生学习的兴趣和参与的积极性，使学生体验并享受运动教育的乐趣，从而培养学生参与体育运动的热情和终身体育锻炼的意识，使他们养成自觉参与锻炼的习惯。

（二）重新构建运动知识与技能目标

在对运动知识与技能目标进行重新构建时，需要包括以下几方面的内容。

第一，通过大单元的课程教学和不同周期的运动安排，让学生拥有充足的课时来学习运动的理论知识和巩固提升专项运动技能，并能够熟练地掌握和运用运动技战术，积累丰富的比赛经验。

第二，通过对学生进行体育文化知识的教授，使其更为深刻地理解运动文化，尊重竞赛规则和比赛礼仪。

第三，通过团队的合作和同伴学习，引导学生共同制订学习计划与练习内容，从而培养学生的策划组织能力、沟通能力及良好的团队合作意识。

第四，通过让学生体验真实而丰富的运动情境及感受运动文化的氛围，使其学会欣赏体育运动比赛并能读懂运动技战术在比赛中的运用。

（三）重新构建身体与心理素质目标

在重新构建身体素质目标时，要注意通过整个运动季不同阶段的比赛活动，使学生在身体力量、速度、耐力、灵敏与柔韧性等方面都有所锻炼，从而增加学生体质，促进学生健康，强健学生体魄，提高学生的综合身体素质，这也是学校体育教学的基本目标。

在重新构建心理素质目标时，要注意通过学生的自主学习和同伴学习，使其在真实而丰富运动情境中体验运动所赋予的乐趣和成功感觉，并能选择适合自己的方法与途径进行自我身心调节和情绪的转变，以改善心理状态，克服不良心理，从而养成积极乐观的生活态度。

（四）重新构建社会适应目标

在重新构建社会适应目标时，要注意通过竞赛活动及公平比赛的教学，使学生能够正确看待比赛的胜败，养成竞争意识，同时也认识到比赛中既有竞争又伴随着合作的关系，以此形成良好的体育道德观。此外，要注意通过运动季中不同角色的扮演，增强学生学习的存在感和自身价值的体现，同时使学生更具责任感，增强自信心，从而提高社会适应能力。通过比赛的记录与总结分析，为学生的进一步学习积累经验，从而提高学生分析问题和解决困难的能力，使他们能够更好地适应社会。

二、重新构建教学条件

学校体育教学活动的顺利开展，离不开相应的体育教学条件的支持。对于运动教育模式的教学条件，可从以下几个方面进行重新构建。

（一）切实发挥教师在运动教育模式中的主导作用

传统的体育教学模式认为，教师在教学过程中占据主体地位。而运动教育模式认为，教师在教学过程中仅仅是发挥着主导的作用。在运动教学周期中，教师是整个教学过程的引导者并扮演着教学内容的策划与设计者的角色。运动教育模式的教学特点则要求从事教学者（即教师）具备一定运动教育模式的理论知识、专项运动技能、裁判及运动文化相关的知识，以备在实践教学过程中能更准确、全面地阐述教学内容，帮助学生理解和执行角色任务。教师在具体教学的不同阶段，进行着不同的角色转换。具体来看，教师在运动季的练习阶段更多扮演着教师的本色，引导和启发学生学习，然而当进入竞赛与决赛阶段，教师则充当着教练员的角色，鞭策学生进行自主性学习和运动技战术的实战运用与执行。

总之，在重新构建我国学校体育教学的运动教育模式的教学条件时，必须注重发挥教师的主导作用。

（二）切实发挥学生在运动教育模式中的主体地位

运动教育模式是一种倡导以学生为主体、教师为主导的教学模式，强调让学生在学习过程中发展自主性学习能力。在教学过程中，学生通过各自自主性、独立性的探索与实践，增强了学习积极性，激发了主观能动性；学生同时扮演着多重角色的转换，时而是学习者，时而是决策者；团队成员间也相互交流与合作，共同制订学习计划和练习方案，增强学生与学生、学生与团队间的情感交流，培养团队意识和集体主义精神，进而获得自身的发展，提高团队协作能力，共同完成学习内容和教学目标。因此，运用这种教学模式要求学生具备一定的自觉性、合作性、自我管理能力及应对所教授的运动项目有基本了解。

（三）切实保证运动教育模式的教学课时

运动教育模式具有大单元、多课时（原则上应不少于 20 课时）的特点，要确保学生在这种教学模式下真正有所收获，就必须要保证运动教育模式的教学课时。

（四）切实构建良好的教学环境

这里所说的教学环境，主要涉及以下三方面的内容。

第一，硬件设施。在运动季教学周期中，经常会安排团队进行分组练习和比赛活动，因此，这就对运动教学中的硬件设施（即场地器材）提出了相应的要求，以使其能够满足学生正常的教学开展及课余时间自主练习的需求，促进校园教学资源的合理开发与利用。

第二，学习氛围。运动教育模式倡导一种民主、和谐的学习氛围，教师在教学过程中应建立良好的教学作风，为学生树立学习的榜样与楷模；学生之间应互帮互助、团结友爱，通过运动技能水平高的带动水平相对较低的学生一起学习，达到共同进步；团队之间应该积极沟通、相互交流，使学生具有良好团队意识和合作精神。

第三，师生关系。在运动教育模式中强调学生的主体地位和教师的辅助角色，并形成和谐互助的关系，倡导教师在教学内容的进行中，逐渐将教学主导权下放给学生，通过学生自主性学习和同伴合作学习，共同完成教学目标。在这期间，学生既是学习者，又是组织管理者等角色，教师则在重、难点出现时给予指导并纠正错误，最终师生在和谐、愉悦的氛围中共同完成学习内容，实现教学目标。

三、重新构建教学程序

运动教育模式形象地把整个教学单元设计为一个运动季，教学程序以运动季为周期进行系统的教学，从而取代了传统的体育教学单元。西登托普认为一个运动季应该完整地包括练习期、季前赛期、正式比赛期和季后赛期，且每个特定的时期又由相对稳定的教学内容组成。根据我国学校体育教学的特点，可以将运动季重新划分为以下三个阶段。

（一）练习阶段

练习阶段也可以理解为运动季的开始部分，其主要任务是做一些准备性的教学，具体内容如下。

第一，教师对学生进行能力评估和团队分组建设（确立队名、口号、Logo及团队文化等）。

第二，学生自荐和教师指导各队成员的角色分配与职责划分。

第三，教师介绍和安排整个运动季的教学内容及目标任务（包括运动技能的掌握、理论知识的学习及与专项运动相关的裁判与文化方面知识的学习等）。

第四，教师采用直接教授法（练习阶段为主）进行学习的方法与内容的教学，然后督促学生根据整个运动季的竞赛计划进行自主性学习和同伴合作练习，教师适时给予指导、纠正错误。

（二）竞赛阶段

竞赛阶段也可以称为运动季的主体部分，其主要任务有以下四个。

第一，教师进行运动技能理论技战术及裁判应用等内容的教授，并指导学生进行练习。

第二，进行正式比赛前的巩固性练习和正式比赛，提升学生的专项运动技能。

第三，学生进行多重角色（运动员、教练员、裁判员、记录员、啦啦队员等）的扮演及战略战术的策划与实施，以培养自身的具体实践操作能力和比赛观赏能力。

第四，巩固对专项运动技能的掌握和对竞赛战略战术的运用及积累比赛经验，为最终的决赛做全方位的积极准备。

（三）决赛阶段

决赛阶段是运动季的结束部分，其主要任务有以下三个。

第一，教师组织进行最终的总决赛，以此来结束整个运动季的教学。

第二，让学生进行自我总结与反思并交流比赛经验，为其进一步的提高做好经验积累。

第三，最终比赛需要营造出欢庆、轻松、和谐的节日氛围，使全体成员能够共同参与和感受运动文化，还可邀请相关领导颁奖，并让大家合影留念。

四、重新构建教学评价

运动教育模式强调在对学生进行评价时，应注重对学生的学习行为与学习态度、专项技能掌握的熟练程度、运动技战术实践运用及团队间协作精神等方面的综合性评价。这与我国现行的学生学习评价思想虽有一些不同之处，但更多的是具有一定的相通性。为此，在对我国体育教学的运用教育模式的评价体系进行构建时，应包括以下四方面的内容。

第一，从教师角度对学生的参与积极性、运动水平和学习态度等方面进行诊断性评价。

第二，从学生学习的专项技能、运动技战术和自主性学习等方面进行形成性评价。

第三，以团队的合作意识和集体荣誉感为出发点对运动教育模式进行终结性评价。

第四，在不同阶段、面对不同的教育对象时，应采用个性化的评价方式进行评价。

CHAPTER 06 第六章

运动教育模式在高校体育教学中的实证研究与应用

运动教育模式不仅具备深厚的理论基础和完善的理论体系，而且能够为学生营造融运动性和娱乐性于一体的体育教学环境。这样的体育教学环境既能够有效激发学生参与体育活动的积极性和主动性，又能够有效增强学生自身的身体素质和素养。此外，运动教育模式相比传统教学模式来说，更注重对学生进行运动文化与人文关怀等方面的教育，对于提升学生的思想政治觉悟和综合素质、促进素质教育目标的实现也有重要的促进作用。因此，在现阶段开展高校体育教学时，要注意对运动教育模式进行有效应用。

第一节 运动教育模式在高校体育教学中的实证研究

为检验"运动教育模式"在高校体育教学中应用的效果，特设计了一项具体的实验——运动教育模式对大学生参与动力与运动技能的影响，所谓体育参与的动力调节系统是推动个体从事体育活动的相对稳定又可变化发展的多因素、多层次的驱动系统，它包括体育参与需要、体育参与动机、体育兴趣、体育态度、体育习惯等成分。研究对象是"忻州师范学院跳绳选项班大二两个班级的64名学生"。下面对研究方法、实验结果和结论与建议进行详细说明。

一、研究方法

（一）文献资料法

分别以"Sport Education"和"运动教育模式"为关键词和题名查阅了大量关于"运动教育模式"的国内外期刊文章2275条结果，购买了《COMPLETE

GUIDE TO SPORT EDUCATION（2011）》和《SPORT EDUCATION IN PHYSICAL EDUCATION》两本相关著作，整理分析这些资料，全面了解运动教育模式研究现状及前沿动态，为本专著的撰写提供研究基础。

（二）访谈法

为保障研究的科学性和有效性、确立《大学生跳绳运动技能接触程度调查问卷》的有效性，本研究访谈了 8 名体育专家和教师（表 6-1），认真听取了他们对问卷设计的建议与意见，获得了许多针对性较强且有价值的观点。同时，了解了他们对运动教育模式的认知及跳绳教学的课堂授课方法。

表 6-1 8 位被访谈对象大概情况

姓名	所在单位	学历	职称
高×	北京师范大学	博士	教授
钟××	西北师范大学	硕士	教授
刘×	山西大学	博士	教授
黄××	湖州师范学院	博士	副教授
王××	太原师范大学	博士	教授
张×	忻州师范学院	硕士	教授
周×	忻州师范学院	硕士	讲师
侯××	忻州师范学院	硕士	讲师

（三）问卷调查法

1. 问卷设计

本研究从课题目标出发，为了解学生在实验前对跳绳运动技能的接触程度，查阅文献并参看了相关研究文献中的问卷内容，设计了《大学生跳绳运动技能接触程度调查问卷》。

2. 问卷效度检验

为确保问卷能够反映出学生对跳绳运动技能接触程度，使数据更加有效，邀请了 8 名校内外学校体育专家和教师参与对本问卷内容的评价，专家评定结果如

表 6-2 所示，该问卷具有一定效度。

表 6-2 问卷效度检验表 ($n=8$)

	非常合适	合适	比较合适	不合适	合计
专家意见（人）	1	4	3	0	8

3. 问卷信度检验

为确保问卷满足一定的合理性、答案达到一定的稳定性、保障调查具有相对的可靠性，问卷经常运用重测信度法来对问卷的信度进行验证。在第一次调查60 名学生结束 15 天后又以同样方式再次对他们进行相关调查，得出的 r 值均大于 0.8，满足社会学研究的相关规定（表 6-3）。

表 6-3 问卷信度验证表 ($n=60$)

	重新测试数量（人）	前后调查相隔时长（天）	系数
学生	60	15	$r>0.88$

4. 问卷调查对象及收发情况

问卷调查对象是本次研究实验的对象，即忻州师范学院跳绳选项课大二 6 个班级中，抽取同一教师授课的 2 个班级共 64 名学生，其中 1 个班级为实验班（31 名学生），另 1 个班级为对照班（33 名学生）。该问卷在实验前由实验教师和研究负责人在第一次课前利用周二下午学生休息的时间，召集授课学生现场发放与回收。发放总份数为 64 份，回收 64 份问卷，回收率 100%，64 人的问卷均有效，问卷的有效率达 100%。

（四）实验法

1. 实验目的

本次研究主要是把运动教育模式与传统的体育教学模式分别运用到我校跳绳选项课的两个班级中，10 周后测看两个班级学生跳绳参与动力与运动技能掌握的水平，据此推测运动教育模式对学生体育活动参与动力及运动技能的影响。

2. 实验对象

学生参与者：在忻州师范学院跳绳选项课大二6个班级中，抽取同一教师授课的2个班级共64名学生，其中1个班级为实验班（31名学生），另1个班级为对照班（33名学生）。选择大二学生作为受试者是基于以下几点考虑：第一，大二学生通过一年大学体育课程的学习，已熟悉学院体育课尤其是选项课的教学要求，同时，他们已具备一定的体能和组织能力；第二，大二之后学生就不上体育课了，因此在大二期间学生对体育活动的态度、兴趣、习惯的养成对其成年阶段的终身体育习惯的形成有重要的影响。

教师参与者：研究利用课题组和教研室学习平台，于2015年末和2016年初对跳绳选项课的2位专职教师进行运动教育模式学习培训，并邀请他们参与学期干预计划的制定，最终1位教师同意参加。该名教师具有研究生学历和教师资格证，是从教满4年的跳绳专业教师。本次研究中实验班和对照班均由该名教师授课。

3. 实验设计

实验设计采用2×2双因素实验设计。两个因素为组别和时间，组别因素为实验组和对照组，时间因素分为前测和后测。组间变量为组别（实验组和对照组），组内变量为不同的时间点（教学效果评价）。研究的操纵变量（自变量）为实验组教师参与运动教育模式教学培训后在跳绳选项课课堂教学中进行教学，对照组教师直接采用传统的体育教学模式在跳绳选项课课堂教学中进行教学，结果变量（因变量）为学生体育课运动锻炼态度（行为态度、目标态度、行为认知），学习兴趣，内部动机，运动技能。为确保因变量的任何效应都能被归结为自变量的操作，实验前对实验班和对照班学生的锻炼态度、学习兴趣、内部动机进行差异性检验，对所有学生跳绳技能水平进行调查。同时，实验班和对照班的人数设置、授课场地、授课内容及所用课时和授课教师均一致，只是在教学模式上进行区分。实验采用单盲设计，任课教师知道自己处于实验组和对照组，受试学生不知道自己处于实验组还是对照组，以避免学生出现"霍桑效应"。本次实验前测试时间安排在实验开始前两天之内，后测时间安排在实验结束后的即刻，确保了结果的及时性和有效性。

4. 实验安排与程序

（1）实验时间与地点

实验时间：从 2016 年 3 月到 2016 年 5 月，共 10 周课，每班每周 2 学时，共 20 学时，每次课持续时间为 90 分钟，上课时间遵照学校的课程表。

实验地点：忻州师范学院田径场和体育馆。

（2）教学内容

两个班级的授课内容均为全国跳绳锻炼标准一级。动作内容详细描述如表 6-4 所示。

表 6-4 全国跳绳锻炼标准一级动作内容

动作名称	动作描述	考级要求	教学提示
左右甩绳	两手臂向前摇绳至一边体侧甩绳，绳子不过脚，接着甩绳至另一边体侧，一拍一动，左右边各四次，完成左右甩绳	按照动作描述连续完成一个八拍	a. 先学会单手前摇绳或后摇绳，接着进行左右甩绳。 b. 左右甩绳时，注意两手腕自然放松，柔和地摇绳。 c. 膝盖与手部节奏一致，富有弹性。 d. 身体保持直立姿态，眼视前方，面带微笑
并脚跳	两手持绳向前摇绳，双脚并拢跳跃过绳，绳子绕过身体一周，一摇一跳，连续完成并脚跳（即为并脚单摇跳）	按照动作描述连续完成一个八拍	a. 先进行徒手摇绳练习，接着单手带绳摇与跳动。 b. 并脚跳绳时，注意手腕自然放松，柔和地进行摇绳。 c. 膝盖与手部放松、节奏一致，踝关节与膝关节富有弹性，做到前脚掌着地。 d. 身体保持直立姿态，眼视前方，面带微笑
双脚交换跳	两手持绳向前摇绳，双脚先后依次向前抬起跳跃过绳，一摇一跳，左右各四次，连续完成双脚交换跳	按照动作描述连续完成一个八拍	a. 先进行徒手练习，接着单手带绳摇与双脚交换跳动。 b. 做双脚交换跳时，注意两手腕自然放松，柔和地摇绳，手与脚的节奏做到一摇一跳、一摇一抬腿。 c. 做抬脚时，踝关节与膝关节自然下垂，轻松抬腿，控制好高度，做到前脚掌着地。 d. 身体保持直立姿态，眼视前方，面带微笑

续表

动作名称	动作描述	考级要求	教学提示
开合跳	两手持绳向前摇，当绳子过脚置于空中时，两脚跳跃成开，膝盖微弯，当绳子快打地时，两脚成合并跳绳过绳，一拍一动，完成开合跳	按照动作描述连续完成一个八拍	a. 先进行徒手练习，接着单手带绳摇与双脚开合跳动。 b. 做开合跳时，注意两手腕自然放松，柔和地摇绳，手与脚的节奏做到一摇一跳、一开一合。 c. 做开合跳时，踝关节与膝关节注意放松，控制好节奏与过绳时机，做到前脚掌着地。 d. 身体保持直立姿态，眼视前方，面带微笑
弓步跳	两手持绳向前摇，当绳子过脚置于空中时，两脚分开成前后弓步动作，当绳子打地快过脚时，双脚并拢跳过绳。一拍一动，左右边各四次，完成弓步跳	按照动作描述连续完成一个八拍。	a. 先进行徒手练习，接着单手带绳摇与双脚成弓步跳动。 b. 做弓步跳时，注意两手腕自然放松，柔和地摇绳，手与脚的节奏注意做到一摇一跳、一弓一并。 c. 做弓步跳时，踝关节与膝关节注意放松，控制好节奏与时机，做到前脚掌着地。 d. 身体保持直立姿态，眼视前方，面带微笑
并脚左右跳	两手持绳向前摇，当绳子过脚置于空中时，双脚并拢向右、左边跳，一拍一动，左右边各四次，完成并脚左右跳	按照动作描述连续完成一个八拍	a. 先进行徒手练习，接着单手带绳摇与双脚左右跳动。 b. 做左右跳时，注意两手腕自然放松，柔和地摇绳，手与脚的节奏注意做到一摇一跳、一左一右。 c. 做左右跳时，踝关节与膝关节注意放松，控制好节奏与时机，做到前脚掌着地。 d. 身体保持直立姿态，眼视前方，面带微笑
基本交叉跳	两手持绳摇，此动作分成两拍完成，第一拍两手为直摇绳，第二拍两手为交叉摇绳，一拍一动，开与合各四次，完成基本交叉跳	按照动作描述连续完成一个八拍	a. 先进行徒手练习，原地静止练习手部动作做交叉摇绳，接着带绳做交叉跳动。 b. 做间隔交叉单摇跳时，注意两手腕自然放松，柔和地摇绳，注意摇绳时手部交叉地的位置，手与脚的节奏注意做到一摇一跳、一开一合。 c. 下肢部位踝关节与膝关节注意放松，控制好节奏与绳过脚的时机，做到前脚掌着地。 d. 身体保持直立姿态，眼视前方，面带微笑

动作名称	动作描述	考级要求	教学提示
勾脚点地跳	两手臂向前摇绳，其中一只脚勾脚同时向前点地，另一只脚直立跳跃过绳，接着交换另一只脚做同样动作，一拍一动，左右各四次，完成勾脚点地跳	按照动作描述连续完成一个八拍	a. 先进行徒手练习，接着单手摇绳、脚前勾脚点地跳一起配合。 b. 做勾脚点地跳时，注意两手腕自然放松，柔和地摇绳，手与脚的节奏注意做到一摇一跳，一勾点一并跳。 c. 做勾脚点地跳时，下肢部位踝关节与膝关节注意放松，控制好节奏与时机，做到前脚掌着地。 d. 身体保持直立姿态，眼视前方，面带微笑

（3）教学方式

实验班跳绳选项课上的任课教师采用运动教育模式授课。运动教育模式注重对学生的运动素养、运动能力和运动热情的培养，以竞赛活动为主要载体，充分运用直接教授、同伴教学、合作学习、团队协作和角色扮演等形式，使学生体验并亲自经历各种真实而丰富的运动情景。运动教育模式在教学设计上，站在学生角度考虑跳绳练习内容和组织形式的多样性，注重激发学生的兴趣；在教学实施中，注重学生的主体地位，运动技术的练习是小组学生自行组织，重视技术的应用和创新，能使学生在比赛中提升技术；在教学评价上，注重对学生的运动能力、创新性等方面的评价。

对照班跳绳选项课上的任课教师按照传统体育教学模式进行授课，不做任何干预措施。我国的传统体育教学模式主要是沿袭苏联的主智主义教学模式，即"以教师为中心，以教材为中心，以课堂为中心"三中心思想。在这一教学模式下，体育教师在教学设计上常忽视学生的"学法"和兴趣、情感体验等非智力因素；教学实施中，注重教师的权威性和主导地位，运动技术教学常常沿用训练模式，重视单个技术的练习，技术练习与比赛实践相脱节；教学评价上，注重学生的达标，忽视学生的个体差异和创造性。

（4）教学实施方案

①实验班实施方案。

A 组建团队具体方案

固定分组是运动教育模式的组织形式之一，学生的合作学习与伙伴学习是运动教育模式的主要方法。分组科学与否影响着运动教育模式的效果。科学的分组可以实现由学生作为课程的主体，并促进完成管理、决策及团队间的协调和沟通工作的目标。分组的时间需安排在实验开始前，要在依据实验前对学生的运动技能接触程度、对跳绳的学习态度、学习兴趣和内部动机所测情况进行分析的基础上，遵循组内异质、组间同质的原则，安排科学合理分组。

　　B 学生体验角色扮演具体方案

　　角色扮演是运动教育模式另一种组织形式。在学生参与运动教育模式的跳绳课程中，学生需要在学习体育技能的同时扮演好团队内的各种角色。由队长负责在每节课开始时安排组内各成员扮演不同角色，在下一次课程时安排组员进行角色转换。每节课的责任组由各队推出的裁判员和记录员组成，负责本节课的器材、裁判记录工作。本实验从角色职能出发，为学生设置了四种角色，详情如下。

　　队长：主要承担团队的领导工作，并负责检查组内的学习情况，同时组织队内成员选择队名和口号；

　　教练员：主要承担团队内的跳绳练习、训练指导工作；

　　裁判员：主要承担每场比赛过程中的裁判工作；

　　记录员：主要承担团队在运动季中的相关数据工作，实现全员监督。

　　C 比赛安排及裁判要求具体方案

　　比赛方案：运动季是运动教育模式中的重要过程，比赛是全运动季的主线，在设置比赛方案时，本实验针对运动季的不同阶段（如季中赛、季后阶段）还设置了许多单个技术比赛及团体套路赛，每节课都安排有课堂赛，在这些比赛过程中，可以有效提高学生的参与感，使学生的运动技能水平得到增强。

　　裁判方案：每节课的裁判组由每节课各组安排的裁判角色学生组成。在课程的热身活动和复习技术阶段，教师对学生裁判进行本次课比赛活动的培训，包括分发评分标准、讲解评分规则及公平公正的裁判等内容，保证裁判任务顺利完成。

　　D 最终比赛及赛后庆祝活动具体方案

　　最终比赛是运动季的最后阶段，也是考验运动教育模式成果的阶段。因此，本实验参照真实比赛设置了模拟赛，在体育馆内布置标准的跳绳比赛场地，邀请忻州师范学院专业跳绳教师和体操类教师担任比赛裁判员，并要求学生着装统一、化妆比赛，营造出浓厚比赛氛围。在赛后庆祝活动中，还设置了颁奖环节，对本季团队冠军、各类跳冠军、优秀队长、优秀教练员、优秀裁判员获得者给予肯定和鼓励。

E 教学活动方案

依据运动教育模式的教学特点，实验班教学分为季前阶段（第1周）、季中阶段（第2至7周）、季后阶段（第8至10周）三个阶段。跳绳选项课运动教育模式教学规划是以现阶段高校每节体育90分钟为基准，结合三个阶段的特征，从课的内容、教师的工作、学生工作、教学方法及各阶段时间分配几个方面进行规划（表6-5）。

表 6-5　赛季阶段教学规划

授课内容	教师工作	学生的工作	教学方法	各赛季时间（分）		
				前	中	后
说明本赛季竞赛日程安排及记录表、分组、责任组介绍、检查课堂角色及职责等情况	提供记录表并监督、选拔各队教练员或队长	确认课堂角色、选拔队伍教练员或队长、确定队名和口号	直接指导法	50	1	1
进行热身活动，小组队长开会	讲解热身活动的内容，指导队长开会。	准备热身活动，小组教练员领导大家进行体能练习，小组负责人现场指导	直接指导法	25	12	14
复习技术	辅导学生复习，监督他们的学习情况并在需要时提供帮助	小组进行学习，帮助个人及小组取得进步	合作学习法、伙伴学习法	0	15	15
教师指导技术教学	讲解学习内容，指导全班练习	观察教师教学，进行动作练习	直接指导法、游戏比赛法	0	10	5
小组练习	对学生进行指导，监督学生学习情况，设计比赛方案	复习技术，教练员指导小组，练习并监督其进步情况	直接指导法、合作学习法、游戏比赛法	0	20	5

续表

授课内容	教师工作	学生的工作	教学方法	各赛季时间（分）		
				前	中	后
比赛	提供比赛记录单指导裁判员工，作，复习技战术	教练员为比赛做准备，统计员统计，裁判员裁判	直接指导法、游戏比赛法	0	20	40
结束部分	学生提问、学生展示、教师解惑并提出相关意见	讨论问题，动作展示	合作学习法	5	5	5
总结学习情况	布置作业，提供评价标准检查记录表	收集团体及个人学习记录表		10	7	5

②对照班实施方案。

传统体育教学模式即俗称的"技能掌握式教学模式"，是使用范围较广的教学模式，其主要目标是提高学生的运动技能水平，对学生进行系统的技能培训，它沿着运动技能掌握规律来进行，主要沿用讲解→示范→练习→纠错→再练习的单一教师控制情境模式。对照班按照传统的体育教学模式进行授课。各部分教学授课内容、师生活动、教法及时间分配如表 6-6 所示。

表 6-6　传统体育教学规划

授课内容	教师工作	学生的工作	教学方法	时间分配（分）
本节课的教学目标及内容	向全体学生宣布本节课的教学目标及内容、安排见习生	认真听讲	直接指导法	3~5
热身活动	讲解热身活动内容并带领学生进行热身活动	跟随练习	直接指导法	15~20
复习技术	带领并辅导学生复习	以个人或小组的形式进行练习	直接指导法、小组学习法	8~10

授课内容	教师工作	学生的工作	教学方法	时间分配（分）
技术学习、练习	讲解学习内容，指导全班进行技术学习，监督学习情况	观察教师教学，进行动作学习，以个人或小组形式练习	直接指导法、小组学习法	20~35
技术练习纠错	进行个别或集体纠错		直接指导法、预防与纠正错误法	5~8
技术再练习	监督学习情况，组织游戏或比赛	进行个人或小组练习、动作展示	直接指导法、游戏法或比赛法	10~15
放松、结束	带领学生进行放松活动，安排课堂总结及作业	跟随教师进行放松活动	直接指导法	5~10

（5）教学进度及重点安排

教学进度及重点安排可使我们明确每课时授课进程、内容及重点，帮助我们详细了解实验班和对照班教学关注点，体现不同教学模式的"窗口"。

在本研究进行过程中，同时使用了文献分析法，剖析了运动季的表现特征、结构体系及现有的运动季设计思路，在综合了跳绳专家、教师的想法和建议后，制订了实验班本次实验在不同阶段中需要完成的任务。对照班则依据传统技能教学和教学时间安排进度与重点。表6-7、表6-8分别展示的是实验班、对照班跳绳课的教学进度及重点。

表6-7　实验班跳绳课的教学进度及重点

周	重点
1	介绍跳绳运动，说明本赛季竞赛日程安排及记录表，指定或选拔各组教练和队长，学生教练员和队长与教师一起安排学生组队，使各队实力相当，5人/组，共分为6组，1人机动。各队选择队名和口号，责任组进行职责介绍
2	各队在自己的区域学习和练习左右甩绳和并脚跳新技术，在教师指导下或独立进行练习，向全班示范并介绍裁判员和记分。以并脚跳比赛（各组30秒并脚跳比赛、各组3v3单脚跳花样赛、各组3v3单脚跳不间断赛）训练裁判员和计分员的实际操作能力

续表

周	重点
3	各队在自己的区域练习左右甩绳和并脚跳新技术，学习双脚交换跳和开合跳新技术，在教师指导下或独立进行练习。各队进行任务分配轮换，每一场比赛后轮换到下一场比赛，重点是管理比赛，以确保每个人都有充分的时间来比赛，在计分主场进行双脚交换跳和开合跳比赛（各组 30 秒开合跳比赛、各组 3v3 双脚交换跳花样赛、各组 3v3 双脚交换跳+开合跳组合赛）
4	各队在自己的区域复习所学各类跳及弓步跳新技术，在教师指导下或独立进行练习，整堂课的重点是创编，在自己的区域实际创编演练（设计安排方向、动作组合、队形、音乐等要素），在计分主场进行弓步跳比赛（各组 30 秒弓步跳比赛、弓步跳创编运用赛）
5	各队在自己的区域复习所学各类跳及并脚左右跳新技术，在教师指导下或独立进行练习。在计分主场，各组进行并脚左右跳步跳前后摇绳比赛
6	各队在自己的区域复习所学各类跳及基本交叉跳新技术，在教师指导下或独立进行练习，在计分主场进行基本交叉跳比赛（各组 3v3 连续 20 次交叉跳比赛、各组 3v3 一次前摇并脚跳+一次交叉跳比赛）
7	各队在自己的区域复习所学各类跳及勾脚点地跳新技术，在教师指导下或独立进行练习，在计分主场，各组进行勾脚点地跳花样比赛
8	各队在自己的区域自行练习全国跳绳锻炼标准一级，在计分主场，各队进行全国跳绳锻炼标准一级比赛（需注意完成性和一致性），宣布冠军及亚军得主。各队分别推举 1 人进行 1 分钟并脚跳、双脚交换跳、开合跳、弓步跳、并脚左右跳、基本交叉跳、勾脚点地跳单个技术比赛，并公布各类跳冠军得主
9	各队在自己的区域自行练习全国跳绳锻炼标准一级（包括方向、队形、造型等内容），在计分主场，各队进行全国跳绳锻炼标准一级比赛（包括方向，队形、造型等内容），宣布冠军及亚军得主。各队分别推举 1 人进行 1 分钟上述 7 个动作花样比赛，并公布各类花样跳冠军得主
10	各队在自己的区域自行练习 8 个动作的创新套路，在计分主场，各队进行创新套路比赛，并宣布冠军及亚军得主。回顾所有比赛成绩，公布本季团队冠军、各类跳冠军、优秀队长、优秀教练员、优秀裁判员得主，并举行颁奖典礼

表 6-8　对照班跳绳选项课教学进度及重点

周	重点
1	介绍跳绳运动，说明本单元的教学内容及要求，学习左右甩绳及并脚跳新技术
2	复习左右甩绳和并脚跳新技术，学习双脚交换跳新技术
3	个人或小组复习所学各类跳技术，学习开合跳新技术
4	个人或小组复习所学各类跳技术，学习弓步跳新技术

续表

周	重点
5	个人或小组复习所学各类跳技术，学习并脚左右跳新技术
6	个人或小组复习所学各类跳技术，学习基本交叉跳新技术
7	个人或小组复习所学各类跳技术，学习勾脚点地跳新技术
8	复习：全国跳绳锻炼标准一级规定套路、自编套路练习
9	考试：单个技术动作能力考核、各组全国跳绳锻炼标准一级规定套路考核
10	考试：各组全国跳绳锻炼标准一级规定套路创编考核、自编套路考核

（6）实验程序

实验分为准备阶段、培训阶段、实验实施、前测、后测五个阶段。实验前数据由实验教师和研究负责人在第一次课前利用周二下午学生休息的时间，召集授课学生现场发放与回收。实验后数据同样由实验教师和研究负责人在最后一次课结束后现场发放与回收。发放时告诉学生调查的目的和填写方式并当场解答学生填答过程中的疑问，强调自愿性和保密性，指导学生根据自身实际想法去填写。数据收集时间和实验程序详见图6-1。

准备阶段：通过与公共体育教研室沟通，使课程安排满足实验需要，保证实验班和对照班能够顺利进行实验，同时和体育馆负责人进行赛后阶段场馆的预约，设计问卷并进行专家访谈。

培训阶段：从运动教育模式理论介绍、实践操作两个方面培训实验班任课教师，使其充分明确运动教育模式的理念和操作流程，了解实验目的和实验设计。

实验实施：实验班和对照班开始进行实验。

前测：对学生的锻炼态度、体育学习兴趣、内部动机、运动技能接触程度进行测量。

后测：对学生的锻炼态度、体育学习兴趣、内部动机、运动技能水平进行测量。

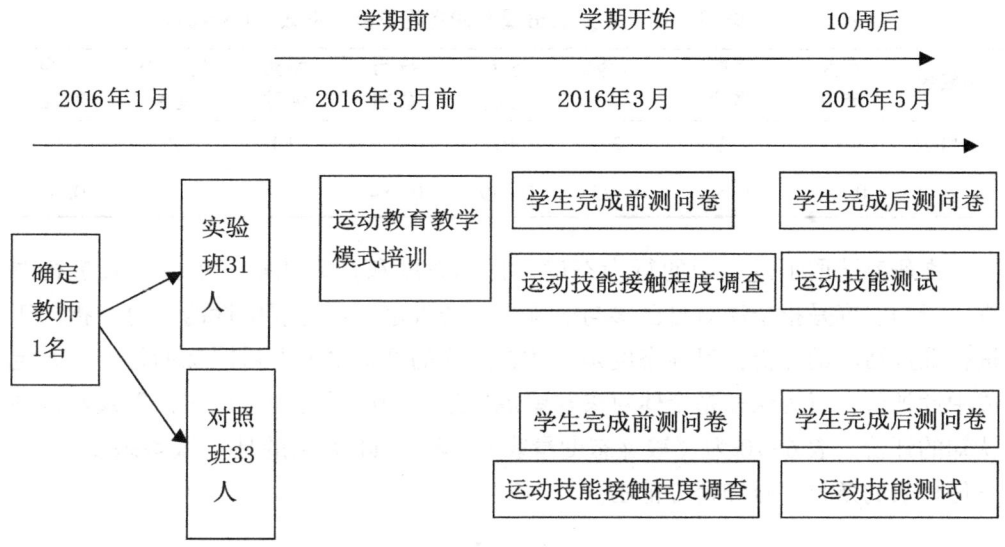

图 6-1 运动教育模式培训干预和数据收集的程序时间轴

5. 测量工具

本研究中学生的参与动力测量量表共 3 份，分别为毛荣建于 2003 年研制、2004 年被张力为收集在《体育科学常用心理量表评定手册》的《锻炼态度量表》中选取的三个分量表；顾海勇、解超编制的《大学生体育学习兴趣量表》；Ryan 等人 1983 年研制，2004 年被张力为收集在《体育科学常用心理量表评定手册》中的《内部动机量表》。

（1）《锻炼态度量表》

毛荣建编制的《锻炼态度量表》共有 8 个分量表、70 道测试题，47 道为正向记分，23 道为负向记分。每道题目的回答有五种选择：完全不符合、不符合、说不清、符合、完全符合，即有五个记分等级。量表的编制遵循标准化心理量表的编制程序，经过两轮预调查而编制，然后测验了华北地区 691 名青少年学生。结构公式模型检验结果：$\chi^2/df = 3.67$，$NNFT = 0.93$，$CFI = 0.94$，$AGFI = 0.87$，$RMSEA = 0.06$。该量表具有较好的结构效度。此外，各分量表的内部一致性信度较好，符合学生心理测量的标准。表 6-9 展示的是《锻炼态度量表》各分量表的克隆巴赫 a 系数情况。

表 6-9　《锻炼态度量表》各分量表的克隆巴赫 a 系数 （$CN=691$）

分量表	行为态度	目标态度	行为认知	行为习惯	行为意向	情感体验	行为控制感	主观标准
条目数	8	12	7	10	8	10	8	7
a 系数	0.83	0.87	0.73	0.89	0.84	0.86	0.80	0.64

本研究选取了量表中的行为态度、目标态度和行为认知三个分量表进行调查。行为态度是指个体对自己参与锻炼行为的肯定、否定或中性的评价，指向于进行锻炼活动的评价；目标态度是个体在不同的概括水平上对锻炼的肯定、否定或中性评价；行为认知是个体对参与锻炼导致某种结果的确定认知，以及对这种认知的评价。表 6-10 为《锻炼态度量表》，表 6-11 展示的是《锻炼态度量表》三份量表的条目序号和得分范围。

表 6-10　《锻炼态度量表》

	完全不符合	不符合	说不清	符合	完全符合
*1. 我不赞成把时间花在锻炼上	☐	☐	☐	☐	☐
*2. 我认为不进行体育锻炼也很好	☐	☐	☐	☐	☐
3. 我喜欢每天都进行锻炼	☐	☐	☐	☐	☐
*4. 我不热衷于身体锻炼	☐	☐	☐	☐	☐
*5. 我并不喜欢锻炼	☐	☐	☐	☐	☐
*6. 我不愿意进行锻炼	☐	☐	☐	☐	☐
*7. 我宁肯睡觉也不会去锻炼	☐	☐	☐	☐	☐
*8. 我对锻炼没有什么情感体验	☐	☐	☐	☐	☐
9. 我认为锻炼是很好的娱乐活动	☐	☐	☐	☐	☐
*10. 我认为锻炼是无所事事的表现	☐	☐	☐	☐	☐
*11. 我认为锻炼的作用并不大	☐	☐	☐	☐	☐
12. 我觉得锻炼非常好	☐	☐	☐	☐	☐
*13. 锻炼与我没有什么关系	☐	☐	☐	☐	☐
14. 我对锻炼活动感兴趣	☐	☐	☐	☐	☐
15. 我参与锻炼是正确的	☐	☐	☐	☐	☐
*16. 我认为自己没有必要进行锻炼	☐	☐	☐	☐	☐
*17. 锻炼对我没有帮助	☐	☐	☐	☐	☐

	完全不符合	不符合	说不清	符合	完全符合
*18. 我认为自己不适合进行锻炼	□	□	□	□	□
*19. 我从未想过要进行锻炼	□	□	□	□	□
*20. 我感觉锻炼是枯燥无味的	□	□	□	□	□
21. 锻炼可以舒缓焦虑、烦躁的情绪	□	□	□	□	□
22. 锻炼可以使人的情绪得到宣泄	□	□	□	□	□
23. 锻炼可增强人的意志	□	□	□	□	□
24. 锻炼于己、于家、于国都是有益的	□	□	□	□	□
25. 我认为锻炼越来越被人们所接受	□	□	□	□	□
26. 提倡"全民健身"是明智之举	□	□	□	□	□
27. 我赞成人人参与锻炼	□	□	□	□	□

注：量表中带 * 的题目为反向记分。

表6-11　《锻炼态度量表》三个分量表的条目序号和得分范围

分量表	行为态度	目标态度	行为认知
条目数	8	12	7
条目序号	1~8 号	9~20 号	21~27 号
得分范围	8~40 分	12~60 分	7~35 分
意义	8个条目得分相加，分数越高，对进行锻炼的行动评价越高	12个条目得分相加，分数越高，对锻炼的评价越高	7个条目得分相加，分数越高，对锻炼导致的某种结果的认知越正确

注：量表中 * 表明该题目是反向记分。

该量表分别在实验前后发放与回收，发放总人数为64人，2份/人。依据研究，每人实验前后的问卷按照要求填写合格收回为1份有效问卷，否则此人的问卷无效。收回64人问卷，回收率100%，63人的问卷有效，问卷的有效率达98%。

（2）《大学生体育学习兴趣量表》

顾海勇、解超编制的《大学生体育学习兴趣量表》共有27题，包括五个维度：消极（1至6题）、积极（7至12题）、技能学习（13至17题）、课余活动（18至22题）、对体育的关注度（23至27题），*表明该题目是反向记分（表6-12）。

表 6-12　大学生体育学习兴趣量表

	完全不同意	不同意	说不清	同意	完全同意
*1. 在体育课上，我经常不参加活动	☐	☐	☐	☐	☐
*2. 体育课很枯燥、无聊	☐	☐	☐	☐	☐
*3. 当体育课因故停止时，我感到高兴	☐	☐	☐	☐	☐
*4. 体育课毫无乐趣可言	☐	☐	☐	☐	☐
*5. 每当上体育课我总是希望快点下课	☐	☐	☐	☐	☐
*6. 体育活动太辛苦	☐	☐	☐	☐	☐
7. 我很希望上体育课	☐	☐	☐	☐	☐
8. 若体育课因故停止，我会很失望	☐	☐	☐	☐	☐
9. 我心里老盼着上体育课	☐	☐	☐	☐	☐
10. 体育课是我最喜欢的课程	☐	☐	☐	☐	☐
11. 我觉得体育课上时间过得很快	☐	☐	☐	☐	☐
12. 上完体育课我总是感觉身心愉悦	☐	☐	☐	☐	☐
13. 每次学会一种运动技能，我都感到十分愉快	☐	☐	☐	☐	☐
14. 我会把体育知识与日常生活联系在一起	☐	☐	☐	☐	☐
15. 我会实践每一个学习过的运动技能	☐	☐	☐	☐	☐
16. 我喜欢主动练习每一项我参与的体育活动	☐	☐	☐	☐	☐
17. 我经常请教老师体育学习中遇到的问题	☐	☐	☐	☐	☐
18. 我经常在学校或在其他场地进行体育活动	☐	☐	☐	☐	☐
19. 在课余时间我很少参与体育活动	☐	☐	☐	☐	☐
20. 我平时喜欢参与体育活动	☐	☐	☐	☐	☐
21. 体育锻炼是我生活中的重要组成部分	☐	☐	☐	☐	☐
22. 我会利用课余时间和假期参与体育活动	☐	☐	☐	☐	☐

	完全不同意	不同意	说不清	同意	完全同意
23. 我喜欢收集体育方面的书籍杂志	□	□	□	□	□
24. 我喜欢了解体育有关信息	□	□	□	□	□
25. 我很关注电视和网络等媒体上的体育新闻	□	□	□	□	□
26. 我喜欢观看体育比赛	□	□	□	□	□
27. 我经常与朋友谈论体育新闻	□	□	□	□	□

　　该量表在研制时采用了特尔菲法，确立了量表的预试版本，此版本具有专家效度。以问卷形式完成对被试样本的心理测量，共对被试样本进行两次测量，其中第一次测量1000名样本发放量表的预试版本，第二次测量样本中的300名发放样本的正式版本。问卷采用李克特（likert）五点式量表（1完全不同意，2不同意，3说不清楚，4同意，5完全同意）的形式来表达。表6-13展示了各维度间的相关矩阵情况。

表 6-13　各维度间的相关矩阵

指标	积极性	消极性	技能学习	课余活动	对体育的关注度
积极性	1.000				
消极性	-0.377**	1.000			
技能学习	0.477**	-0.552**	1.000		
课余活动	0.541**	-0.421**	0.431**	1.000	
体育关注度	0.484**	-0.277**	0.360**	0.301**	1.000

注：**表示 $p < 0.01$。

　　五个维度间除了第二维度消极性和其他四个维度间呈中度负相关，其他的维度相互之间均呈中度正相关且均具有显著意义（$p < 0.01$）。量表各维度间所测量的心理特质相对独立，具有良好的结构信度。表6-14展示的是量表的外部信度系数。

表6-14　量表的外部信度系数

维度	r
维度 1 积极性	0.906**
维度 2 消极性	0.847**
维度 3 技能学习	0.903**
维度 4 课余活动	0.884**
维度 5 体育关注度	0.906**
总量表	0.903**

注：** 表示 $p < 0.01$。

重测之后的量表五个维度题项与初试量表五个维度题项间的积差相关 0.847~0.906（$p<0.01$），呈高度相关，且具有显著意义。本量表具有良好的外部信度。

该量表分别在实验前后发放与回收，发放总人数为 64 人，2 份/人。依据研究，每人实验前后的问卷按照要求填写合格收回为 1 份有效问卷，否则此人的问卷无效。收回 64 人问卷，回收率 100%，64 人的问卷均有效，问卷的有效率达 100%。

（3）《内部动机量表》

Ryan 等人编制的内部动机问卷由 7 个分量表 45 个条目组成，这些条目都已进行过因素分析的结合，在不同任务、条件和环境下都很稳定。1987 年 McAuley 等人进行了一项研究来检验内部动机问卷的效度，研究结果强有力地证明了它的有效性。以往的研究也显示，条目的顺序效应可以忽略，同时包含或不包含某一分量表对于其他的条目也没有影响。因此，在某一特定的实验中，所有的条目不会被同时用到。据此，本研究结合具体的研究目标和内容选择了其中的 5 个分量表 26 个条目进行调查，其问卷的信度与效度良好。具体分量表和条目为：兴趣/乐趣（1 至 5 题）、努力/重要性（6 至 10 题）、主观能力（11 至 15 题）、压力/紧张（16 至 20 题）、主观选择（21 至 26 题），其中第 2、第 15 题为反向计分法（表 6-15）。

表 6-15　内部动机量表

	完全不正确			部分正确			非常正确
兴趣/乐趣							
1. 我非常喜欢做这种活动	1	2	3	4	5	6	7
*2. 这种活动完全不能吸引我的注意力	1	2	3	4	5	6	7
3. 这种活动很有趣	1	2	3	4	5	6	7
4. 我认为这种活动非常有意思	1	2	3	4	5	6	7
5. 当在进行这种活动时，我会思考自己到底有多喜欢它	1	2	3	4	5	6	7
努力/重要性							
6. 我在这件事上很努力	1	2	3	4	5	6	7
7. 我在这件事上并没有尽全力	1	2	3	4	5	6	7
8. 我在这件事上尽了全力	1	2	3	4	5	6	7
9. 完成好这项任务对我很重要	1	2	3	4	5	6	7
10. 我没有在这件事上花太多精力	1	2	3	4	5	6	7
主观能力							
11. 我认为与其他学生相比，我在此项活动中做得更好	1	2	3	4	5	6	7
12. 参加这种活动一段时间后，我感觉自己在此项活动中潜力巨大	1	2	3	4	5	6	7
13. 我对自己在这项活动中的表现感到满意	1	2	3	4	5	6	7
14. 我从事这项活动的技术非常扎实	1	2	3	4	5	6	7
*15. 我无法在此项活动中表现得很好	1	2	3	4	5	6	7
压力/紧张							
16. 我做这种活动时一点都不紧张	1	2	3	4	5	6	7
17. 我做这种活动时非常紧张	1	2	3	4	5	6	7
18. 我做这种活动时非常放松	1	2	3	4	5	6	7
19. 我在完成这种活动任务时有些焦虑	1	2	3	4	5	6	7
20. 我在完成这种活动任务时感到压力	1	2	3	4	5	6	7
主观选择							
21. 我认为在决定是否进行这项活动时，我有选择的余地	1	2	3	4	5	6	7
22. 我认为进行这项活动并不是我的选择	1	2	3	4	5	6	7
23. 我在进行这项活动时，并没有选择的余地	1	2	3	4	5	6	7
24. 我进行这项活动是因为没有别的选择	1	2	3	4	5	6	7
25. 我进行这项活动是因为我想这么做	1	2	3	4	5	6	7
26. 我进行这项活动是因为我不得不这么做	1	2	3	4	5	6	7

　　该量表在实验后发放与回收，发放总份数为 64 份，收回 64 份问卷，回收率 100%，64 份问卷均有效，问卷的有效率达 100%。

　　该量表的计分方法：首先是将带有 * 的条目分数倒过来，即用 8 减去该条目的得分，把剩余的数字作为该条目的分数。然后，计算分量表下所有条目的分的平均值，作为分量表得分。

6. 运动技能测试

（1）测试指标

①单个技术动作测试：开合跳/30秒、弓步跳/30秒测试，并脚左右跳/1分钟、双脚交换跳/1分钟测试。

②规定套路测试：实验班与对照班均以全国跳绳锻炼标准一级动作为规定套路测试内容。

③自编16×8拍组合测试。

（2）测试人员

由来自忻州师范学院体育系的3名从事跳绳教学的教师和2名体操教师，共5名教师进行测试。

（3）计分方法与标准

①单个技术动作计分方法。

各班学生测试时，按照学号由小到大，5人一组按顺序依次排成一排，按照口令要求人、绳都从静止开始进行，学生在规定时间内完成各类跳，失误不扣分，5名测试人员记录所对应学生的跳绳的个数。

口令：测试人员准备→学生准备→预备→跳（或哨音）→10→20→停（或哨音）。

②规定套路评分表。

规定套路主要依据完成质量来评分（表6-16）。完成质量指完美完成所有动作的能力，优秀的成套动作必须展现出完美的绳艺和正确的身体姿势，在完成花样绳动作时能充分展现身体的柔韧、力量、速度、平衡、协调及灵敏性等能力。成套动作必须表现出与音乐的合拍和多人完成的一致性能力。

表6-16　全国跳绳锻炼标准一级规定套路评分标准

成绩	完成情况
优秀（90分以上）	动作完成质量很好，姿势很准确，技术很规范，动作很流畅、协调，节奏感很强，集体运动能力一致性很好，集体精神面貌很好
良好（80~89分）	动作完成质量好，姿势准确，技术规范，动作流畅、协调，节奏感强，集体运动能力一致性好，集体精神面貌好

成绩	完 成 情 况
及格（60~79分）	基本能完成动作，姿势较准确，技术较规范，动作较流畅、协调，节奏感较强，集体运动能力一致性较好，集体精神面貌较好
不及格（60分以下）	不能完成动作，姿势不正确，技术不规范，动作紧张，不够流畅、协调，节奏感差，集体运动能力一致性较差，集体精神面貌较差

规定套路创新主要依据完成质量和创意编排来评分（表6-17）。

表6-17　全国跳绳锻炼标准一级规定套路创新评分标准

成绩	完 成 情 况
优秀（90分以上）	完成动作质量很好，姿势很准确，技术很规范，动作很流畅、协调，节奏感很强，集体运动能力一致性很好，集体精神面貌很好，充满激情，能感染其他同学；成套编排整体流畅，一气呵成；至少出现5次以上队形变化，最大限度地利用了场地
良好（80~89分）	完成动作质量好，姿势准确，技术规范，动作流畅、协调，节奏感强，集体运动能力一致性好，集体精神面貌良好；成套编排整体较为流畅；至少出现3次以上队形变化，较好地利用了场地
及格（60~79分）	基本能完成动作，姿势、部位较准确，技术较规范，动作较流畅、协调，节奏感较强，集体运动能力一致性较好，集体精神面貌较好；成套编排整体有些不太流畅；至少出现1次以上队形变化，使用了场地
不及格（60分以下）	不能完成动作，姿势不正确，技术不规范，动作紧张，不够流畅、协调，节奏感差，集体运动能力一致性较差，集体精神面貌较差；成套编排整体不流畅；没有出现队形变化，没有利用场地

③自编套路评分表。

自编套路创新主要依据创意编排和娱乐表演来评分（表6-18）。

表6-18　自编套路评分标准

成绩	完 成 情 况
优秀（90分以上）	所有的队员动作均十分同步，姿态流畅有美感，队形变换精确，有很多新奇元素、阵型变换或组合，音乐和动作完美结合，表演十分吸引学生
良好（80~89分）	多数队员动作均十分同步，姿态自然，运用多种队形变换，有少量新奇元素、阵型变换或组合，音乐和动作非常合拍，整体感觉较为精彩

续表

成绩	完 成 情 况
及格（60~79分）	少数队员动作出现不同步，姿态随意，队形变换不整齐，出现新奇元素、阵型变换或组合，音乐和动作合拍，整体感觉一般
不及格（60分以下）	多数队员动作出现不同步，姿态很随意，没有队形变换，没有新奇元素、阵型变换或组合，音乐和动作不合拍，整体感觉较差

（五）数理统计法

运用SPSS17.0对调查数据和测试数据进行统计、分析和处理。其中组别纵向对比使用配对样本 T 检验，组间对比使用独立样本 T 检验。$p > 0.05$ 代表无显著差异，$p < 0.05$ 代表显著性差异，$p < 0.01$ 代表极显著性差异。

二、实验结果与分析

（一）实验前控制指标结果

数据显示，实验前实验班和对照班学生在锻炼态度各项指标上无显著性差异（$p > 0.05$）（表6-19）；学习兴趣各项指标没有显著性差异（$p > 0.05$）（表6-20）；内部动机各项指标均不存在显著性差异（$p > 0.05$）（表6-21）。对实验前实验班和对照班学生的跳绳运动技能接触程度的调查结果显示，两组学生先前对跳绳运动技能都有接触过，且学生均是在初中阶段和大一第一学期进行了并脚跳和双脚交替跳的跳绳动作练习，掌握程度相当，并无明显差异性（表6-22）。以上结果说明将这两组学生进行实验具有可比性。

表6-19　实验前实验班和对照班学生锻炼态度对比

	实验班	对照班		
	$\bar{x} \pm s$	$\bar{x} \pm s$	t	p
行为态度	26.26±4.79	25.46±4.89	-0.740	0.462
目标态度	39.90±6.46	40.38±7.71	-0.635	0.528
行为认知	23.63±4.73	25.51±3.64	-1.77	0.081

表 6-20　实验前实验班和对照班学生学习兴趣对比

| | 实验班 | 对照班 | | |
	$\bar{x}\pm s$	$\bar{x}\pm s$	t	p
消极	15.80±5.14	20.30±5.16	1.703	0.093
积极	17.43±3.89	17.18±5.31	0.212	0.838
技能学习	15.26±2.82	15.51±3.38	-0.315	0.754
课余活动	14.70±3.01	13.81±2.84	1.194	0.237
体育关注度	12.50±3.75	10.90±3.76	1.675	0.099

表 6-21　实验前实验班和对照班学生内部动机量对比

| | 实验班 | 对照班 | | |
	$\bar{x}\pm s$	$\bar{x}\pm s$	t	p
兴趣、乐趣	17.66±3.15	15.63±3.06	2.592	0.051
努力、重要性	17.20±5.19	15.57±2.15	1.648	0.104
主观能力	17.13±2.20	14.84±2.46	2.861	0.053
压力、紧张	14.40±2.89	14.03±2.35	0.558	0.579
主观选择	16.43±3.29	17.57±3.39	-1.353	0.181

表 6-22　实验前实验班与对照班学生跳绳运动技能接触程度

| 组别 | 接触过 | | 没有接触过 | |
	人数	百分比	人数	百分比
实验班	31	100%	0	0
对照班	33	100%	0	0

（二）实验后学生锻炼态度对比分析

1. 纵向比较

由以下数据可知，实验前后实验班学生在目标态度和行为认知上具有极其显著的差异（$p<0.01$），在行为态度上存在显著性差异（$p<0.05$）（表 6-23）。这说明通过运动教育模式教学，学生锻炼的态度发生了变化，他们对体育锻炼本身、对自己参与体育锻炼行为价值的认知和之前有了明显不同，现在他们能够正

确认识体育锻炼本身及自己参与体育锻炼行为的价值；此外，通过运动教育模式教学，学生对自己参与锻炼的行为的认知态度也较之前有了积极变化。这说明运动教育模式对大学生的锻炼态度有积极影响。对照班学生锻炼态度各项指标在授课前后无显著差异（$p > 0.05$）（表 6-24）。这说明传统的教学方式对学生认识体育锻炼本身、学生对自己参与体育锻炼行为的价值的认识及自己参与锻炼的行为的态度无积极性影响。

表 6-23　实验前后实验班学生锻炼态度对比

| | 实验前 | 实验后 | | |
	$\bar{x} \pm s$	$\bar{x} \pm s$	t	p
行为态度	26.26±4.79	29.70±4.05	−2.996	0.004
目标态度	39.30±6.46	47.16±5.04	−5.254	0.000
行为认知	23.63±4.73	27.80±4.03	−0.366	0.001

表 6-24　实验前后对照班学生锻炼态度对比

| | 实验前 | 实验后 | | |
	$\bar{x} \pm s$	$\bar{x} \pm s$	t	p
行为态度	24.56±4.89	24.36±6.87	0.681	0.498
目标态度	40.38±7.71	38.71±9.90	−0.764	0.448
行为认知	25.51±3.46	24.42±5.76	−0.920	0.361

2. 横向比较

由以下数据可知，实验后实验班和对照班学生的各项指标均存在极其显著的差异（$p < 0.01$）（表 6-25）。这说明运动教育模式在改善学生认识体育锻炼本身、认识锻炼对自身的价值及自己参与锻炼的行为态度方面优于传统教学模式。态度决定一切，积极向上的态度必将影响学生学习跳绳的积极性。运动教育模式运用小组学习、教学比赛之类的学习方式，不仅可以激发学生的学习热情，而且也促进了学生间的人际交流，从而增强了学生的学习兴趣，同时端正了学生的锻炼态度。

表 6-25 实验后实验班和对照班学生锻炼态度对比

	实验班	对照班		
	$\bar{x} \pm s$	$\bar{x} \pm s$	t	p
行为态度	29.70±4.05	24.36±6.87	3.706	0.000
目标态度	47.16±5.04	38.71±9.90	-4.267	0.000
行为认知	27.80±4.03	24.42±5.76	-2.897	0.005

（三）实验后学生学习兴趣对比分析

1. 纵向比较

以下数据显示，实验班学生实验前后在消极、积极和技能学习这三个方面差异性极其显著（$p<0.01$），在课余活动和体育关注度这两个方面存在显著性差异（$p<0.05$）（表 6-26）。这表明在跳绳选项课中运用运动教育模式进行教学，对学生学习兴趣的提高有明显促进作用。对照班学生在实验前后学习兴趣的各项指标上无显著性差异（$p>0.05$）（表 6-27）。

表 6-26 实验前后实验班学生学习兴趣对比

	实验前	实验后		
	$\bar{x} \pm s$	$\bar{x} \pm s$	t	p
消极	15.80±5.14	20.30±5.16	-3.462	0.001
积极	17.43±3.89	20.39±3.86	-2.864	0.006
技能学习	15.26±2.82	20.30±3.96	-5.659	0.000
课余活动	14.70±3.01	16.33±2.59	-2.249	0.028
体育关注度	12.50±3.75	14.93±4.14	-2.383	0.020

表 6-27 实验前后对照班学生学习兴趣对比

	实验前	实验后		
	$\bar{x} \pm s$	$\bar{x} \pm s$	t	p
消极	20.30±5.16	24.18±3.56	0.162	0.872
积极	17.18±5.31	15.69±4.17	-1.262	0.212

续表

| | 实验前 | 实验后 | | |
	$\bar{x}\pm s$	$\bar{x}\pm s$	t	p
技能学习	15.51±3.38	14.57±4.06	−1.021	0.311
课余活动	13.81±2.84	13.96±3.46	0.194	0.847
体育关注度	10.90±3.76	11.45±3.84	0.582	0.562

2. 横向比较

以下数据显示，实验后在消极、积极、技能学习和体育关注度这四个维度存在极其显著的差异（$p<0.01$），在课余活动存在显著性差异（$p<0.05$）（表6-28）。

表6-28　实验后实验班和对照班学生学习兴趣对比

| | 实验班 | 对照班 | | |
	$\bar{x}\pm s$	$\bar{x}\pm s$	t	p
消极	20.30±5.16	24.18±3.56	−6.593	0.000
积极	20.39±3.86	15.69±4.17	4.531	0.000
技能学习	20.30±3.96	14.57±4.06	3.734	0.000
课余活动	16.33±2.59	13.96±3.46	−3.040	0.020
体育关注度	14.93±4.14	11.45±3.84	0.438	0.001

经过20个学时，实验班学生的学习兴趣得到大幅度提升。原因在于：运动教育模式采用了固定分组的小组学习方式，避免了学生在个人学习过程中产生枯燥无味的情绪，小组成员相互学习、相互指导，调动了学生学习的热情，使学生能够积极地参与到跳绳课的学练当中；同时在小组合作学习中，学生可以获得更多了解彼此的机会，这样学生之间的关系会逐渐融洽，有利于建立良好的学习氛围，最大限度地激发学生的学习兴趣；另外，运动教育模式的主线就是比赛，通过经常性的教学比赛，可以激励学生自身不断努力，最大限度地为小组作出贡献，展现小组实力。为更好地完成比赛任务，各组同学在课下主动练习，学习的自觉性、积极性得到提高；此外，每节课的颁奖活动也可以让学生感受到体育课带给自己的荣誉感、成功感，营造出快乐的体育课堂氛围，对跳绳产生浓厚兴趣。与运动教育模式相比，传统的教学模式注重教师在教学中的主体地位、注重教材、注重课堂，忽视了学生学习的主动性和学习过程中的情感体验，学生被迫接

受灌输式教学，学习是被动的、独立的，同学之间、师生之间缺乏足够交流且课堂氛围比较沉闷，这样的教学模式不能够很好地调动学生的学习积极性和学习兴趣，因而不论从纵向，还是横向来看，对照班学生的学习兴趣变化均不明显。

（四）实验前后学生内部动机对比分析

内部动机是个体对所从事的活动本身有兴趣而产生的动机。进行这种活动能使个体获得满足，也是对个体的一种奖励和报酬。个体从事这种活动时不需外力作用的推动。美国哈佛大学心理学教授布鲁纳指出，内部动机是由三种内驱力引起的，一是好奇的内驱力，即求知欲；二是好胜的内驱力，即求成欲；三是互惠的内驱力，即需要和睦共处协作活动。

1. 纵向比较

以下数据显示，实验前后实验组和对照组学生在内部动机各项指标上都不存在显著性差异（$p>0.05$）（表6-29、表6-30），说明20学时的运动教育模式教学对大学生内部动机的激发无影响；传统的教学模式对学生内部动机的激发也无效。其原因可能在于：内部动机不是短时间内可以激发出的，实验组学生由于学习时间短，他们的求知欲、求成欲、互惠的内驱力还没有被激发出来，且在实验过程中，教师的课堂组织和引导不足也是原因之一。

表6-29　实验前后实验班学生内部动机对比

	实验前	实验后		
	$\bar{x}\pm s$	$\bar{x}\pm s$	t	p
兴趣、乐趣	17.66±3.15	18.13±3.00	-0.587	0.560
努力、重要性	17.20±5.19	16.76±1.67	-0.435	0.665
主观能力	17.13±2.20	16.30±2.07	1.508	0.137
压力、紧张	14.40±2.89	15.30±2.15	-1.366	0.177
主观选择	16.43±3.29	16.50±3.00	-0.82	0.935

表6-30　实验前后对照班学生内部动机对比

	实验前	实验后		
	$\bar{x}\pm s$	$\bar{x}\pm s$	t	p
兴趣、乐趣	15.63±3.06	15.60±3.31	-0.039	0.969

续表

	实验前	实验后		
努力、重要性	15.57±2.15	15.57±2.35	0.000	1.00
主观能力	14.84±2.46	14.39±2.26	−0.781	0.438
压力、紧张	14.03±2.35	13.60±2.07	−0.777	0.440
主观选择	17.57±3.39	18.42±3.25	1.038	0.303

传统的体育教学模式重教师、重课堂、重教材；忽视学生学习的过程、忽视学生学习的积极性、忽视学生主体地位的体现；学生在被动学习中会产生枯燥、乏味的情绪，好奇心和探知欲望下降；同时，学生之间缺乏交流与合作，学生只是为了获得学分而敷衍学练。因此，这种教学模式对学生内部动机的激发基本没有积极作用。

2. 横向比较

由以下数据可知，实验后实验班和对照班内部动机的各项指标中，除努力/重要性和主观能力存在显著性差异外（$p<0.05$），其余三项都存在极其显著的差异（$p<0.01$）（表6-31）。这说明运动教育模式促进了实验组学生内部动机水平的提高。原因可能在于：在运动教育模式中角色扮演也是主要的组织形式之一，学生通过对每个角色的尝试，了解每个角色的重要性，增强了学生的责任感，使学生积极主动并且认真负责地对待每一次比赛、每一个角色，这有效地促进了学生主观能力的发挥。同时，通过每节课的比赛，既使学生感受到压力紧张，也使学生明白了努力的重要性，并从中体验到跳绳的乐趣，进而对跳绳产生浓厚的兴趣。因而，运动教育模式的教学对学生的内部动机的激发较传统的教学模式而言更为有效。

表6-31　实验后实验组和对照组学生内部动机对比

	实验班	对照班		
	$\bar{x}\pm s$	$\bar{x}\pm s$	t	p
兴趣、乐趣	18.13±3.00	15.60±3.31	−3.159	0.002
努力、重要性	16.76±1.76	15.57±2.35	−2.289	0.026
主观能力	16.30±2.07	14.39±2.26	−3.476	0.001
压力、紧张	15.30±2.15	13.60±2.07	−3.179	0.002
主观选择	16.50±2.15	18.42±3.25	2.433	0.018

（五）实验后单个技术动作对比分析

由下表可见，两个班级学生的弓步跳、开合跳、双脚交换跳、并脚左右跳的成绩都存在着非常显著的差异（$P<0.01$），说明运动教育模式对促进学生单个技术动作的掌握起到了很好的作用（表6-32）。原因在于：运动教育模式课堂的教学方法是教师直接指导、学生合作学习和伙伴学习，实验班学生分成固定小组进行学练，学生相互之间进行技能指导，这有利于学生主动学习，形成了同学之间互为补充、共同进步的主动学习氛围，使课堂练习效率大大提高，这对于学生对技能的掌握有直接积极影响。此外，在第2~7周的季中期，每堂课上又安排了对所学新技能的组间比赛，小组中每位成员都不想成为小组前进的"障碍"，为了赢得比赛大家会更积极地练习，进一步提高了学生学练运动技能的积极性和强度。在小组合作学习和比赛下，实验班学生通过不断强化技能练习，使单个技能的掌握水平有了明显的提高。而对照班学生每节课只根据教师的教学安排进行个人的被动学习和练习，学习的积极性不高、兴趣低、自制力不强，致使学生的技能练习次数少，对技能的掌握不到位、熟练程度低。

表6-32　实验后实验班与对照班单个技术动作对比

| | 实验班 | 对照班 | | |
	$\overline{x}\pm s$	$\overline{x}\pm s$	t	p
弓步跳	66.10±9.093	57.61±10.053	3.547	0.001
开合跳	70.06±7.806	61.58±10.808	3.618	0.001
双脚交换跳	132.35±26.525	118.70±12.027	2.680	0.009
并脚左右跳	130.42±14.454	113.30±24.938	3.384	0.001

（六）实验后规定套路对比分析

数据显示，实验班学生的平均成绩较好，对照班学生的平均成绩相对较差。实验班和对照班的规定套路成绩整体存在极其显著的差异（$P<0.01$）（表6-33）。这说明运动教育模式在教学中的运用对学生规定套路的掌握起到了明显促进作用。全国跳绳锻炼标准一级成套动作是在配乐下，8个技术动作的组合。由于在季中期第2至第7周的课堂教学中，实验班的学生通过小组合作学习和每节课单个技能的组间比赛，增强了音乐节奏感和对单个技能的掌握能力，这为高质量完

成规定套路奠定了坚实基础。在赛季第 8 至第 10 周的教学比赛中，各组以规定套路为内容，采用变化队形的方式进行比赛，在比赛中对学生的着装进行了要求，烘托了比赛的氛围，学生的参赛热情越来越高，表现越来越好，发挥出了良好的规定套路技能水平。对照班由于学习积极性没有调动起来，课上课下缺乏练习，学生对单个技能的掌握不到位、不熟练，再加之有些同学的协调性和节奏感较差，因而在配乐进行规定套路考核时，表现出个体之间不同的"短板"，使得在完成规定套路动作和参与热情上表现一般，整体水平明显低于实验班学生。

表 6-33　实验后实验班与对照班规定套路比较

	$\overline{x}\pm s$	t	p
实验组	82.03±6.317	3.271	0.002
对照组	75.06±10.161		

（七）实验后自编组合套路对比分析

自编组合套路是在学习单个运动技能的基础上，学生自行组合花样动作成套路。它主要考查学生对所学技能的掌握情况和运用能力。统计结果表明，实验班和对照班学生的自编组合套路成绩存在极其显著的差异（$P<0.01$），说明运动教育模式对提高学生的技能掌握和运用能力具有显著作用（表 6-34）。实验班教学始终围绕单个技能的队形变化比赛和规定套路组合的队形变化比赛为教学主线，在课堂上不断强化学生对单个技能的掌握能力，另外还充分发挥小组成员的聪明才智进行动作队形的变化创新练习和指导，将自编套路组合所需的知识和技能贯穿于整个课堂教学中。因而，学生对于这一教学任务的考核并不觉得有负担。每组学生都发挥出团队的智慧，新颖的、有创意的动作设计和队形在比赛中出现。这些都归功于实验组的小团体合作学习，它促进了学生间的人际交流，使学生在愉快的氛围中学习、完成任务，团队凝结力慢慢形成，这样才会创设出好的自编套路组合。另外，从比赛中不难看出，对照班的学生对自编动作较为生疏且队形设计单一。由于同学之间缺乏交流，学生缺乏团队荣誉感，小团体配合不够好、练习不够充分，导致对照班学生完成情况较差。造成这一结果的原因有很多，如学生对单个动作掌握得不够熟练、课堂上没有强化创编能力、练习不够等，但根本原因还是教学方式和理念的差别在学生身上的体现。

表 6-34　实验后实验班与对照班学生自编组合能力比较

	$\overline{x} \pm s$	t	p
实验组	82.4±4.615	4.829	0.002
对照组	70.67±3.141		

三、结论

在 20 个学时的跳绳选项课中运用运动教育模式，从纵向对比来看，与实验前相比，实验后的实验班学生在（改善）认识体育锻炼本身、认识锻炼对自身的价值及自己参与锻炼的行为态度及学习兴趣方面差异性显著；从横向对比来看，实验班学生在认识体育锻炼本身、认识锻炼对自身的价值及自己参与锻炼的行为态度方面及学习兴趣和内部动机都明显优于对照组，说明运动教育模式对学生的体育参与动力具有明显促进作用。教学实验表明：实验班和对照班学生在单个技术动作、规定套路和自编组合套路上均存在着显著性差异。也就是说，与传统教学模式相比，运动教育模式对学生运动技能的掌握、运用和创新有明显促进作用，它可以有效地提升学生的运动技能水平。原因主要有两点。第一，运动教育模式的课堂是以合作学习和伙伴学习为学习方法的教学，有利于使学生主动学习，加大课堂上学生自觉锻炼的强度和密度，这对于他们对技能的掌握有直接影响。第二，运动教育模式教学中，比赛是教学过程的主线，且较为合理地设计了比赛内容。学生为了在组间的比赛中获胜，团结一心、互帮互助，提高了技能练习效率和队形设计的科学合理性，在很大程度上保证了技能的完成质量。

就 3 份调查量表而言，全部都是引用权威人士研制的量表，且这些量表在信度和效度方面都经过了检验，并广泛应用于体育教学实践。但由于一些原因，本研究选取了《锻炼态度量表》中的行为态度、目标态度和行为认知三个分量表进行调查，来反映学生的锻炼态度，尽管它可以表达出学生在实验前后对于体育锻炼本身的看法变化、学生对自身参与锻炼的行为认识变化、体育锻炼对于学生的价值变化（这些都属于锻炼态度的范畴），但它还不能够详细全面表达出学生的锻炼态度，这也是本研究的不足之处之一。

就实验本身而言，基本将运动教育模式的理念、形式、教学方法等内容设计在实验过程中，实验效果明显，但在赛季安排上还存在一定问题，如季前阶段安排较短，还可增加 2 至 4 个学时，这样可以在前期让学生在认识、能力等各方面得到更多时间的准备，有助于季中和季后的组织管理；同时，因季前时间较短，学生课堂管理例程还没有形成，这导致季中课程活动在转换过程中出现混乱现象，浪费了一些课堂时间。尽管存在缺憾，但也为下一次运动教育模式的实施积累了宝贵经验。

四、建议

对于我国学校体育教学来说，要想对运动教育模式进行有效运用并确保其能够发挥重要的作用，应在运用过程中切实注意以下几个方面，才能体现出这种教育模式的特征和教育价值，达到育身育心的目的。

（一）要科学地选择适用项目

我国学校体育教学中虽然能引入运动教育模式，但这一教学模式并不适合所有的运动项目。这是因为，运动教育模式更多地倡导学生自主性学习和合作性学习，因而对于一些危险系数相对比较大的运动项目（如攀岩、潜水等极限运动）、相对独立且闭塞的个人运动项目（如有氧瑜伽等）及对场地设施要求比较苛刻且不易于在课外进行练习与比赛的运动项目（如击剑、射击等）而言，均不适合运用该模式进行有效的教学。因此，在学校体育教学中应用运动教育模式时，必须要重视适用项目的选择。

（二）要合理地建立课堂常规

运动教育模式在开展教学实践的初期，为保障中、后期的课堂管理和教学质量的把控，建立和形成良好的课堂规则与民主、和谐的学习氛围十分必要。而在建立课堂常规时，为确保其合理性和科学性，应提前做好以下三方面工作。

第一，了解班级学生组成的基本情况（性别比例、生源地域性、班级积极分子及有无特殊学生等）。

第二，向学生介绍运动教育模式，让学生认识与了解其指导思想、教学目标、教学特点及相关责任与义务等，从而预先调动学生的参与积极性与运动兴趣，端正他们学习的行为态度，共同营造出适合教学的运动文化氛围。

第三，发放诊断性问卷，收集教学分组所需参考数据并整理存档。

（三）要科学地进行分组

要采用运动教育模式顺利地开展教学活动，必须具备的一个基础条件是分组合作，在一个运动教学周期的开始前，科学的分组是前提，团队文化的建设是保障。只有通过合理的分组和团队文化的建立，才能将学生合理分成若干个总体实力相当的团队，才能培养学生组织管理、交流合作、团队协作的能力及促进教学目标的实现。具体而言，在进行分组时，要确保分组结果的科学性和有效性，可采用以下三种有效的分组策略。

第一，采用组间同质，异质分组原则，以前期测试数据为依据，按照性别比例、运动水平高低等因素合理搭配组建学习小组，从而人为地控制与缩小各小组之间的水平差异。

第二，由教师选拔或学生自荐的方式组成学生代表小组（参考指标：男、女代表，运动水平高低代表，课堂积极分子代表等）与教师共同讨论分组，这样既能体现分组的民主性，又能做到相对均衡与合理地分组。

第三，根据体育统计学原理，首先在班级内进行随机分组，分组后允许学生在以均衡分组为原则的基础上进行适当的调整，教师在综合考量后确定最终的团队分组。

这里需要特别指出的一点是，在进行了科学分组后，各成员应以团队为单位，自主设计队名、队服、队歌、队旗及口号等，建立团队文化。

（四）要合理地划分学时比例

运动教育模式在教学实践中，把一个教学周期概括性地定义为一个"运动季"，根据不同运动专项的项目特点（如项目竞技性的比重、技术难易度以及文化因素等）合理划分运动季各不同阶段的教学学时比例。在这一过程中，应特别注意以下两个方面。

第一，在运动教育模式中的教学学时比例并不是完全固定与不可变动的，可以依据教学的实际情况进行相应调整。

第二，根据不同运动专项特点量身划分的教学学时比例，也可进行弹性的调整。比如，对于运动技术复杂、动作难度大、战术要求高的专项运动，则建议适当延长其教学学习的练习阶段，划分相对较多一点的教学学时，为学生更好地掌握与学习运动技战术提供充足的时间保障；反之，则应适当削减练习阶段的时长，让竞赛阶段拥有更为充足的教学学时进行运动技能的巩固演练和技战术的实战运用，使学生积累实战经验，为决赛阶段打下坚实基础。

（五）要合理地修改游戏或活动

竞技体育项目是大学体育教学的主要内容。在教学中，教师要不断修改游戏来提升学生的学习水平，增强学生的游戏意识。修改游戏的目的是将学生的需求放在第一位，可从尺寸、重量、设备样式、比赛区域等方面来进行修改。修改后的游戏不会降低游戏的挑战性，而是与学生的发展状态相匹配，为学生提供发展与当前学习和能力水平相适应的技战术的机会。

（六）要合理地设计竞赛形式

竞赛是运动教育的主线，它贯穿于课堂的始终。对整个运动季竞赛形式的预先设计，是在课堂上顺利地完成运动季、成功地实施运动教育模式的保障。竞赛形式要遵循小型比赛原则、强调团队原则和分级比赛原则来设计，保证学生能够机会均等地参与体育活动，缩短等待时间，加大练习密度和强度。

（七）要合理地掌控竞赛激烈程度

我国学校体育教学在运用运动教育模式时，也要注意合理地掌控竞赛激烈程度。在运动季的竞赛阶段对于激烈程度的把控，应根据教学对象的年龄阶段、生理状况及心理特点的具体情况进行合理的划分，若划分得不合理，则会对教学对象的参与积极性与自信心产生消极的影响，情况严重者甚至可能产生抵触情绪或放弃学习。因此，在运用运动教育模式教学实践时，必须认识到竞赛设置的用意是刺激学生参与比赛活动的积极性及提供一种真实的运动情境实践，因此，必须合理地掌控竞赛的激烈程度。

第二节　运动教育模式在高校球类教学中的应用

在高校体育教学中，兼具对抗性与趣味性的球类运动是十分重要的组成部分。球类运动既有助于提高大学生的身体素质，也有助于发展大学生的智力、增强大学生的社会适应能力，从而帮助大学生有效地实现自我价值。因此，高校在开展体育教学时必须注重球类教学。而在开展高校球类教学时，为获得更好的教学效果，可以在教学过程中融入运动教育模式。

一、运动教育模式在高校篮球教学中的应用

篮球是世界传统三大球项目之一，伴随着社会的发展及全民健身战略的深入而受到了越来越多人们的喜爱。与此同时，当前以 NBA 和 CBA 为代表的篮球赛事日益受到大学生群体的关注，参与篮球运动的大学生数量也不断增加。因此，

高校在开展体育教学时，融教育性、欣赏性和健身性于一体的篮球教学是不可忽视的一项重要内容。高校篮球教学对于提高大学生的综合素质具有重要的作用，但是传统的高校篮球教学过于注重传授技术，一般都是采取"教师理论讲解、动作示范→学生模仿、自主练习→教师纠正指导"的教学模式。这样的高校篮球教学模式是十分枯燥的，很容易使大学生产生厌烦等消极情绪，继而影响大学生参与篮球教学的积极性和主动性。因此，必须转变传统的高校篮球教学模式，切实采用能够提高高校篮球教学质量的教学模式。由于运动教育模式在使大学生获得良好的体育运动技能、运动情感体验及终生体育理念方面具有较为独特的积极作用，因此在开展高校篮球教学时可以有效地应用运动教育模式。

（一）在高校篮球教学中应用运动教育模式的优势

在高校篮球教学中应用"运动教育模式"有着很多的优势，具体表现在以下几个方面。

1. 有助于提升大学生的篮球技能水平

在高校篮球教学中应用运动教育模式，需要以小组为单位、以比赛为主线。对于大学生来说，其要想参与篮球比赛，必须具备一定的篮球技能，而且在比赛的过程中，小组最后的成绩与小组每个成员的篮球技能水平可以说是呈正相关关系，即小组内任何一个成员的表现都有可能影响到整个小组的成绩。所以，在这样情况下，为了避免出现"短板效应"并因此影响到整个小组的成绩，大学生在篮球技能学习和练习的过程中会更加地投入和自觉。如此一来，大学生的篮球技能水平便能够得到有效提升。

2. 有助于增强大学生的团队合作意识

在高校篮球教学中应用运动教育模式，对于培养大学生的团队合作意识也有重要的作用。具体而言，在采用运动教育模式开展高校篮球教学时，以小组为单位进行篮球比赛是最为重要的一种教学组织形式。在这一过程中，小组成员为了增强自己所在小组的竞争力，会更加愿意互帮互助。如此一来，大学生的团队合作意识便能够得到有效增强。

3. 有助于提升大学生的身心素质

在高校篮球教学中应用运动教育模式时，最为重要的教学组织形式便是比赛。篮球比赛的过程和结果是不能提前预知的，可能会遇到各种各样的突发状况。面对这一情况，参与篮球比赛的大学生要想最大程度地帮助自己所在的小组获胜，就必须在比赛中充分运用自己的篮球技能，并要不断提高自己的判断能力、应变能力和处理能力。如此一来，大学生不仅会在篮球运动技能水平方面得到提升，其身体素质和心理素质也会不断增强。

4. 有助于大学生深入了解和掌握篮球运动文化

传统的高校篮球教学虽然也会安排篮球运动理论知识的教学，但并不会将其作为教学的重点，因而篮球运动理论知识对于大学生来说是一个薄弱环节，大学生对篮球运动文化的了解更是少之又少。为了改变这种情况，很有必要在高校篮球教学中应用运动教育模式。这是因为，运动教育模式不但非常重视运动理论、文化、传统等人文知识的传递，而且将其巧妙地融合在教学活动中，通过各个小组参赛队的准备、场地装饰、开幕式、闭幕式、拍摄录像及啦啦队表演等环节，让大学生真正地学习、体验篮球运动中的文化元素，继而更为深入地了解和掌握篮球运动文化。在此基础上，大学生会更加地了解篮球运动，从而真正参与到这项运动中。

5. 有助于提升高校的篮球教学质量

高校在开展篮球教学时应用运动教育模式，通过比赛这种组织形式可以使大学生获得真实的竞技体验，从而激发大学生学习篮球运动理论知识、参与篮球运动的积极性和主动性，此外，高校在开展篮球教学时应用运动教育模式，有助于大学生充分发挥自己的主体作用，从而促进高校篮球教学水平的提高。总之，借助运动教育模式，可以有效促进高学校篮球教学质量的提升。

（二）在高校篮球教学中应用运动教育模式的流程

在高校篮球教学中运用运动教育模式并不是无章可循的，而是需要遵循一定的流程。运动教育模式中共涉及运动季、团队联盟小组、正规比赛、最终比赛及成绩记录和庆祝活动六个主要的概念，其中最为核心的概念是运动季。一个运动季对应的是一个教学周期，最少应包括 20 学时。此外，一个运动季可以划分为四个阶段：练习期、季前赛期、正式比赛期和包括最终比赛在内的季后赛期。在完成这四个阶段后，大学生既能够更为深入地了解所学的体育运动项目，又能够提升相关的体育运动技能水平。

1. 练习期

在高校篮球教学中运用运动教育模式的第一个阶段，便是练习期。在这一阶段，必须包括以下三方面的教学内容：一是详细地介绍运动教育模式的相关知识；二是建立运动教育的课堂常规；三是对大学生进行合理分组。

2. 季前赛期

在高校篮球教学中运用运动教育模式的第二个阶段，便是季前赛期。在这一阶段，必须包括以下三方面的教学内容：一是教授篮球技战术的相关知识；二是教授篮球运动的相关规则；三是在运动教育课堂常规有效建立的基础上，组织简单的篮球比赛，如 1v1 或 2v2 的篮球比赛。

3. 正式比赛期

在高校篮球教学中运用运动教育模式的第三个阶段，便是正式比赛期。在这一阶段，必须以练习期划分的小组为单位组织篮球比赛。需要注意的一点是，所组织的篮球比赛要尽可能模仿正规的篮球比赛，以便大学生能够获得真实的篮球竞技体验。

4. 季后赛期

在高校篮球教学中运用运动教育模式的第四个阶段，便是季后赛期。在这一阶段，主要是通过开展篮球比赛的方式来决出本运动季的冠亚军，并组织庆祝活动。此外，高校体育教师在这一阶段必须注意营造良好的比赛氛围，并借助赛后的庆祝活动来进一步增强大学生参与篮球运动的热情。

（三）在高校篮球教学中应用运动教育模式的注意事项

在高校篮球教学中应用运动教育模式，要想获得良好的成效，必须注意以下五个方面。

第一，要合理地设计篮球运动季。高校篮球教学运动教育模式的建立必须打破固有的篮球教学单元，将篮球课以教学大纲为依据划分为若干个"运动季"，同时根据不同的教学需要来决定各个篮球运动季的长短。

第二，要合理地选择和运用篮球教学的方法。高校篮球教学运动教育模式主要采用教师直接指导、小组合作学习及学生伙伴教授相互结合的教学方法。教师直接教导主要在课堂上开展，目的在于向大学生传授篮球技术；小组合作学习主要在小组中开展，目的在于在小组成员之间实现取长补短；学生伙伴教授则是小组成员之间相互学习、团结协作，以努力争取篮球比赛的胜利。当然，高校体育教师还可以具体的篮球运动季设计为依据，对教学方法进行恰当选择与运用。

第三，要合理地进行学生分组。学生分组的情况，对于高校篮球教学的目标能否顺利实现有着重要的影响。为此，在具体进行分组时，必须遵循公平竞争的原则，并要确保每一个小组内的成员都能进行优势互补，继而在互帮互助的基础上实现共同提高。

第四，对篮球运动季的教学内容进行合理设计与组织。关于篮球运动季不同阶段的教学内容，前面进行了详细介绍，这里不再赘述。不过，需要特别指出的一点是，篮球运动季不同阶段的教学内容必须要有关联性和一致性。只有这样，才能确保高校篮球教学的任务顺利完成。

第五，要对高校体育教师与学生的角色与责任进行重新定位，以确保一个篮球运动季的顺利完成。

二、运动教育模式在高校足球教学中的应用

足球作为"世界第一运动"，不仅有着广泛的群众基础，而且深受大学生的喜爱。基于此，我国高校在开展体育教学时，足球教学也被纳入教学内容中。可是，我国高校传统的足球教学存在不少的问题，如教学理念落后、教学内容和教学形式单一、训练方法陈旧等。这既严重影响了高校学生的足球运动水平、足球文化知识的掌握和高校足球教学的质量，也严重制约了高校足球运动甚至我国足球运动的进一步发展。因此，必须改变传统的高校足球教学模式，积极引入新的足球教学模式，如运动教育模式。

（一）在高校足球教学中应用运动教育模式的优势

在高校足球教学中应用运动教育模式的优势，具体表现在以下三个方面。

第一，在高校足球教学中应用运动教育模式，可以帮助大学生更好地了解足球运动和足球比赛的规则，更为深刻地把握足球文化。

第二，在高校足球教学中应用运动教育模式，可以有效提高大学生参与足球课的兴趣，从而促使大学生更加积极、主动地参与到足球教学之中。如此一来，既能促进大学生足球技能的有效提高，又能不断提升高校足球教学的质量。

第三，在高校足球教学中应用运动教育模式，可以推动我国高校课程改革的

进一步深入，从而实现全面推进素质教育的目标。

（二）在高校足球教学中应用运动教育模式的基本原则

在高校足球教学中应用运动教育模式时，要想获得良好的成效，必须在应用过程中遵循一定的原则。具体来说，高校足球教学中应用运动教育模式的原则有以下四个。

1. 全面发展原则

全面发展原则指的是在高校足球教学中应用运动教育模式时，要确保其能够促进大学生的全面发展，具体包括以下四方面的内容。

第一，能有效提高大学生的足球技战术水平。

第二，能帮助大学生增强团队合作意识。

第三，能使大学生懂得遵守规则、尊重裁判、尊重队友及对手的重要性。

第四，能帮助大学生找到成功的喜悦，使他们产生愉快的情绪，从而实现心理的健康发展。

2. 平等性原则

平等性原则指的是在高校足球教学中应用运动教育模式时，要确保高校教师与大学生地位的平等及大学生之间的平等。只有这样，才能在高校足球教学中充分发挥大学生的自主性，提高大学生参与足球教学的积极性，从而不断提高高校足球教学的质量。此外，平等性原则有助于增强大学生的团队意识、民主意识和沟通协调能力，这对于大学生在今后更好地适应社会也有重要的帮助。

3. 客观性原则

客观性原则指的是在高校足球教学中应用运动教育模式时，要注意将大学生和团队的各种平时表现记录下来，而且这些记录务必真实可靠，并由专人负责。特别是对"公平竞赛"的记录，能有效帮助大学生学会尊重、学会竞争、学会如何面对输赢，将足球课程教学目标的达成落实到每一个细小的教学环节。

4. 控制性原则

控制性原则指的是在高校足球教学中应用运动教育模式时，要切实以赛季控制课程的进度。也就是说，在高校足球教学中应用运动教育模式，必须要做到以竞赛为主，严格按照赛季的课时数来推进高校足球教学的进度。这有助于打破传统的单元教学模式，使大学生能够在实践中获得更多的足球知识，并不断提高自己的足球技能水平。

（三）在高校足球教学中应用运动教育模式的策略

在高校足球教学中应用运动教育模式时，要想获得良好的成效，除了要遵循一定的原则，还需要掌握一些有效的应用策略。具体而言，高校足球教学应用运动教育模式的策略有以下四个。

第一，对足球运动季进行合理划分。对于高校体育教学来说，在开学之初就需要结合市、区校园足球联赛的要求，将一个学期确立为一个足球季。之后，需要具体划分足球季的阶段，并切实明确各个阶段的学习课时、内容及任务要求。

第二，促进团队联盟的建立。在建立团队联盟时，必须尊重大学生的自由选择。与此同时，高校体育教师必须对团队划分的基本原则予以明确，并积极引导大学生进行多元化的、异质的分组，以便团队成员之间能够实现优势互补；要与大学生一起建立团队规章和团队文化，以确保团队联盟的正常运转；要确保每一支团队人数的合理性，即让每个大学生都有较多的机会接触球，并能更有效地进行团队沟通。

第三，以高校的场地器材条件为依据，对各类足球比赛进行精心组织，让大学生获得平等的参赛时间并学会胜任不同的角色。在比赛后，要注意引导大学生总结比赛的经验，还可以举行一些庆祝活动，提高大学生参与足球运动的热情。

第四，放大成绩记录和评价的激励功能，即要通过大学生平时的成绩记录来促使其主动地提高技能、掌握与足球相关的信息。

三、运动教育模式在高校排球教学中的应用

在高校球类教学中，排球也是一项重要的教学内容。与高校篮球和足球一样，当代高校在开展高校排球教学时，也可以有效地应用运动教育模式。

（一）在高校排球教学中应用运动教育模式的必要性

在高校排球教学中应用运动教育模式是十分必要的，具体表现在以下两个方面。

1. 锻炼大学生自身身体素质的需要

大学生参与排球运动的一个重要目的，就是锻炼自身的体魄。但是，在传统的高校排球教学中，热身环节需要浪费大量的时间和体能，这既不利于大学生学习和掌握排球的基本技能，也不利于大学生有效提升自己的体能，继而导致很多大学生对排球运动产生了抵触情绪。而在高校排球教学中应用运动教育模式时，娱乐和比赛的教学形式既可以有效提高大学生参与排球运动的兴趣和积极性，也可以帮助大学生学习和巩固排球运动的相关知识。如此一来，大学生便能更为主动地参与高校排球教学和训练，从而有效增强自身体质。从这一角度来说，在高校排球教学中应用运动教育模式是锻炼大学生自身身体素质的需要。

2. 培养大学生团队协作能力的需要

在高校排球教学中应用运动教育模式，能够促使大学生形成良好的团队意识，进而提升他们的协作能力。众所周知，排球运动属于团队配合最为重要的一项运动，队员之间的相互信任和默契的配合是赢得比赛的关键部分，只有提升队员之间的协作能力，才能增强该排球队的整体竞争力和凝聚力。而运动模式能在实际运用的过程中注重人文关怀，将这样的思想融入授课当中，使大学生之间建立良好的团队协作关系，注重在排球运动中的合作与配合，这对排球的理论学习和实际的训练具有显著帮助。从这一角度来说，在高校排球教学中应用运动教育模式是培养大学生团队协作能力的需要。

（二）在高校排球教学中应用运动教育模式的建议

为促使运动教育模式能够在高校排球教学中取得良好的成效，特提出以下四条建议。

1. 要重视对运动教育模式相关理论的学习

在高校排球教学中应用运动教育模式能否取得良好的成效，往往与高校体育教师有着十分密切的关系。为此，高校体育教师必须重视学习运动教育模式的相关理论。在这一过程中，高校体育教师不仅要学习相关的理论知识，还要分析和研究实际的应用案例，并切实将获得的经验运用到高校排球教学中。只有这样，运动教育模式才能在高校排球教学中得到有效应用，并充分发挥出自身的作用。

2. 要重视因材施教

每个大学生的自身特点、基础和兴趣等方面都有所不同，对知识领悟的能力也存在较大差异。基于此，在实际开展高校排球教学中应用运动教育模式时应注重因材施教的方式，注重对相关内容的变换，让大学生在排球课程开展过程中真正积极地参与其中。如此一来，大学生的体能就能够得到锻炼，其思想觉悟也能得到有效提升。

3. 要重视展示学生的能力

在高校排球教学中应用运动教育模式时，还应重视展示学生的能力。而在展示学生的能力时，一条重要的途径便是开展排球竞赛。在高校排球教学中开展排球竞赛，既能够激发大学生对胜利的渴望，也能够增强大学生与队友之间的协作能力，从而使大学生更为积极和主动地参与到排球运动中。

4. 案例

下面的赛季是美国学者西登托普在他的著作中为七年级、八年级和九年级学生而设计的。此案例的目的是让教师具体理解一个运动季完整的设计过程，教师可参考和借鉴此案例，在对其进行适宜修改后，即可将其运用于高校排球教学。

此设计适用于每周三次、每次50分钟的体育课。此赛季班级人数在28~32人，且男女同班。假设老师以前教授过这些学生，且对他们的技能水平有一定了解，学生参加过运动教育模式。体育馆的大小是初中场地的标准尺寸。此外，还备有轻便标准的排球网、12个规则排球和12个稍大的排球。

（1）赛季结果

学生将在2v2、3v3和4v4排球比赛中展示适当的技术和战术。

技术：传球、定位球、拦网、扣球、击垫球和发球。

战术：球的位置（即通过传球将球置于对方球区）、观察对手的动作（如他们是否会扣球、发球或使球越过网）、重新回击球到有利的角度、球外支持（即队友的保护帮助）、保持间隔、在进攻和防守之间切换。

裁判和记分员：传中犯规、越界和持球；球队得分。

知识和游戏规则的应用：持球、越界、犯规、得分制。

（2）赛季开始前做出的决定

运动：2v2、3v3和4v4的排球比赛，自由球开始每一次比赛；比赛得分规定；为每一场比赛提供足够的场地空间。

空间：体育馆，为不同的比赛设备配置不同大小的场地。

器材装备：12 个规则排球、12 个稍大的排球。

赛季长度：20 天，每次 50 分钟课时。

比赛组：3 个队（每队 9 至 11 名队员），首先挑选教练，教练协助教师创建与队员平均水平相匹配的球队，教练自身通过抽签分配给各球队，球队选择名称、颜色和吉祥物。

角色：球员、教练、经理、裁判、记分员、体能教练、统计员等角色和各队的啦啦队。

责任组：管理设备、组织球员到场地、裁判。

记分主场：被分配到特定练习区域的球队进行热身和团队练习，每支球队有 8 个球（4 个常规球和 4 个稍大的排球）。

内容开发：一起传球、发球、扣球；单独学习拦网，拦网与扣球和击球、控球组合游戏是所有传球和发球活动的重点，双人拦网防守是所有扣球和击球活动的重点，从进攻到防守的转变贯穿整个赛季。

教学保障：张贴在体育馆墙壁上的海报列出了所有技术的关键要素和常见错误，角色和团队练习卡在团队活页夹中提供。

进入活动：练习技术在游戏中穿插，热身任务每天张贴在露天看台上。

高潮事件：视频回顾 4v4 男女混合的 A 级和 B 级比赛。

奖励：整季团队冠军和亚军；来自 2v2、3v3 和 4v4 比赛的 A 级和 B 级冠军和亚军；最佳公平比赛队伍；最佳责任队；最佳球队吉祥物和啦啦队；最优秀的球队；被认可的教练；被认可的经理；最后一天 4v4 视频比赛的冠军及球队奖。

赛季日程：见表 6-35。

表 6-35　排球季的日程表

天	重点
1	介绍排球运动；指定或选拔教练；学生在教师引导下或独立练习以控制和改变已定战术的传球和发球；学生在教师引导下或独立练习以应对对手防御的扣球和击球；介绍主场和入场程序；介绍一系列竞赛日程、球网和持球规则；学生教练员与教师一起安排学生组队，使各队实力相当
2	分配球队；各队在自己的区域学习和练习新技术，学生在教师指导下或独立进行防守练习；介绍 2v2 比赛并组织大家练习；介绍责任组职责；各球队选择队名、颜色、吉祥物和口号

天	重点
3	向全班示范并介绍裁判员和记分员；各队在自己区域，以 2v2 比赛训练裁判员和计分员的实际操作；各队通过配对来竞赛：A 组为女队员、B 组为男队员、C 组为混合赛
4	整堂课的重点是战术，各队在自己的区域实际演练战术（空间、掩护、寻找角度，从进攻到防守的转换等内容）；各队啦啦队欢呼并展示他们选择的吉祥物
5	在 2v2 对抗赛日，在计分主场进行球队任务分配轮换，每一场比赛后轮换到下一场比赛，重点是管理比赛，以确保每个人都有充分的时间比赛。比赛信息为：8 分钟，场地 6 个，参赛队伍为来自女生组、男生组和男女混合组 3 个队，场次为 3 场/节共 9 场；换人在第 3 至第 6 分钟进行 比赛场次　　　　参赛队伍　　　　责任队 1　　　　　　　　1v2　　　　　　　3 2　　　　　　　　1v3　　　　　　　2 3　　　　　　　　2v3　　　　　　　1
6	在计分主场，全班重点对比赛日比赛的技术和战术进行复习；裁判员和记分员针对比赛中出现的问题进行纠正；在 2v2 战术课上进行球队训练，并确定在 2v2 比赛中女生组、男生组和男女混合组球员的最终位置
7	在计分主场进行第一天的 2v2 比赛，和第 5 天的比赛模式一样；比赛时间为 12 分钟，换人在第 4 至第 8 分钟进行
8	在计分主场进行第二天的 2v2 比赛，采用相同比赛模式；可调整球队的花名册；2v2 冠军由两天比赛的胜负分数决定；宣布冠军及亚军得主；各队统计员会在第二天公布总分
9	在计分主场，全班回顾评论 2v2 竞赛；全班指导练习 3v3 比赛战术，包括角度、进攻到防守的转换；球队指定二传和攻手的位置，进行二传调整位置后的练习；使球场大小和网高满足 3v3 比赛要求；球队在主场独立练习 3v3
10	在计分主场，团队内继续男生组、女生组的 3v3 练习；在最后 20 分钟，团队可以非正式地与其他团队进行练习
11	在计分主场进行 3v3 混战；进行与第 5 天相同的团队轮换和任务分配；分女生组和男生组；比赛时间为 12 分钟；换人时间在 4~8 分钟，每一次换人得分都以自由球开始；比赛得分；教师审查在比赛中提出的有关战术、技术、裁判和记分的问题
12	在计分主场，3v3 比赛第 1 天；进行与混战日相同的团队轮换和任务分配，比赛模式与混战日相同；在教师检查后结束当日流程
13	同第 12 天；在教练检查后结束当日流程
14	同第 13 天；确定冠军和亚军；统计员组织开会分析 3v3 比赛并安排下一节课
15	在计分主场，在课堂上观看高水平 6v6 排球比赛录像；教师讲解排球起源和排球组织；观看沙滩排球比赛；学生讨论沙排和排球运动的不同

天	重点
16	在计分主场,教师为全班讲解 4v4 排球混合比赛;各队确定二传手和攻手(必须保证至少 1 名攻手是女生);各团队在自己区域进行 4v4 演练;每队将建立混合 A 组和混合 B 组
17	在计分主场,A 组和 B 组进行 4v4 比赛,模式同第 5 天,每节 2 场比赛;以查看成绩并回答疑问作为结束环节
18	在计分主场进行 4v4 比赛,模式同第 12 天
19	在计分主场进行 4v4 第二轮的比赛
20	回顾 4v4 的比赛录像,并举行颁奖典礼

第三节 运动教育模式在高校体操教学中的应用

体操是一种既能提高人的身体素质,又能帮助人塑造健美体形的运动项目,因而深受大学生喜爱。而高校在开展体操教学活动的过程中,为实现教学目的、提高体操教学质量,可有效应用运动教育模式。

一、高校体操教学运动教育模式体系的构建

在高校体操教学中,要确保运动教育模式的有效应用,最为重要的一点便是构建高校体操教学运动教育模式的体系。具体来说,在构建高校体操教学运动教育模式的体系时,需要包括以下四个方面。

(一)高校体操教学的目标体系

在高校体操教学中有效应用运动教育模式的一个重要前提,便是制定合理的高校体操教学目标体系。高校体操教学运动教育模式下的教学目标体系应包括以下四方面的内容。

第一,帮助大学生理解体操项目的规则。

第二,发展大学生的体操技术。

第三,提高大学生的身体素质和团队合作能力。

第四,培养大学生创编体操动作的能力。

（二）高校体操教学的过程结构

在高校体操教学中应用运动教育模式时，必须以教学过程结构为基本的骨架和支撑。这里所说的高校体操教学运动教育模式的教学过程结构，实际上就是整个体操运动季的教学设计。在开展这项工作时，应从赛季前准备阶段、课堂教学的实施阶段两方面入手来制订合理的赛季日程和课堂教学过程。

（三）高校体操教学的策略系统

在高校体操教学中应用运动教育模式时，要想获得良好成效，必须借助一些有效的策略。具体来说，高校体操运动教育模式的教学策略系统中应包括以下五方面内容。

第一，课堂管理与行为发展策略。

第二，学生分组策略。

第三，分配角色与职责的策略。

第四，比赛设计策略。

第五，氛围营造策略。

（四）高校体操教学的评价系统

在高校体操教学中应用运动教育模式时，要想获得良好的成效，合理、科学地构建评价系统也是十分重要的。由于运动教育模式不仅关注学生运动能力的提升，还十分重视对学生运动文化和运动热情的培养，所以在高校体操运动教育模式下的教学评价系统应包括以下四方面内容。

第一，对大学生的学习态度进行评价。

第二，对大学生所掌握的体操理论知识进行评价。

第三，对大学生的体操技术进行评价。

第四，对大学生在学习过程中的角色职责完成情况进行评价。

二、在高校体操教学中应用运动教育模式的注意事项

在高校体操教学中应用运动教育模式，要想获得良好成效，必须注意以下四方面。

第一，运动教育模式虽然有很多的优势，但在高校体操教学中运用这一模式时，绝不能盲目地进行套用，必须充分考虑到高校自身所具有的条件。

第二，必须培养一批专业水平高、深入掌握了运动教师模式相关理论的高校体育教师，这对于确保运动教育模式在高校体操教学中的有效运用具有重要作用。

第三，在进行体操分组练习时，必须确保有充足的运动场地器材。

第四，在采用运动教育模式开展高校体操教学时，一个教学单元就是一个赛季，如果教学的时间无法得到切实有效的保障，存在被随意挤占、停课或者是延课等问题，那么就必然影响到这一教学单元的质量和教育成效。因此，必须保障高校体操教学的时间。

第四节　运动教育模式在高校田径教学中的应用

田径运动是最普遍的一种运动项目，而且是学习一切运动项目的基础。大学生在参与田径运动的过程中，不仅能全面发展力量、速度、耐力、灵敏度和协调能力，而且能有效培养终身体育意识和能力。因此，高校体育教学将田径教学纳入其中。不过，由于田径运动的组成项目比较单一、重复性比较强、缺乏娱乐性和趣味性，因而使大学生很容易在学习过程中产生厌烦情绪；一些田径项目（如投跳等）蕴含的技术性比较强，而大学生自身的身体素质比较差，掌握起来难度比较大，很容易挫伤他们学习的积极性。因此，传统的高校田径教学往往无法取得良好的成效。要改变这种情况，一条重要的途径便是在高校体育教学中引入运动教育模式。

一、在高校田径教学中引入运动教育模式的合理性分析

在高校田径教学中引入运动教育模式是有很多合理性的，具体表现在以下四个方面。

第一，在高校田径教学中引入运动教育模式，能够借助于训练和比赛相结合的教学形式来有效提高课堂的趣味性和灵活性，从而吸引大学生积极参与到田径教学中，既不断提高自己的田径运动技能水平，又推动高校田径教学不断取得良好的成效。

第二，在高校田径教学中引入运动教育模式，能够更为有效地培养大学生的综合能力。这是因为，运动教育模式要求大学生都参与到运动中去，使他们能够担任多重角色，如运动员、裁判员、记分员、训练员、管理员、宣传员、计时员、统计员等。因此，大学生会获得更多锻炼机会，体验更多的情感合作和交

流，这对于大学生综合能力的发展和提高来说是十分有利的。

第三，在高校田径教学中引入运动教育模式，能够引导大学生在运动过程中学会互相帮助，并在互相帮助中不断规范自己的动作。

第四，在高校田径教学中引入运动教育模式，能够更好地因材施教，并确保每一个大学生都能得到合理的评价。如此一来。无论是素质很好的大学生，还是素质欠佳的大学生，都能积极参与到田径运动中，从而真正使所有大学生都能在田径运动中有所收获。

二、在高校田径教学中应用运动教育模式的注意事项

在高校田径教学中应用运动教育模式，要想获得良好的成效，必须注意以下三个方面。

第一，要切实明确高校田径教学与运动教育模式的最佳结合点是竞技性，因而必须重视开展竞技性田径比赛。需要注意的是，在开展竞技性田径比赛时，要切实避免过度的竞争和盲目的比赛。

第二，要在可能的情况下降低田径运动的技术难度和要求。这是因为，田径运动教学模式的竞技性只是一些竞技因素，所采用的比赛只是为了提高大学生学习技能水平和培养他们的体育文化素养，主要目的并不是创造优异的竞技成绩，而是通过这种竞技性提高大学生锻炼的积极性、培养他们的终身体育意识及提高他们体质，绝不是一味地追求运动成绩。

第三，要在继承传统高校田径教学优势的基础上应用运动教育模式，以更好地实现高校田径教学的目的。

第五节 运动教育模式在高校武术教学中的应用

在高校开展的体育课程中，武术课是深受大学生喜爱的体育课程之一。不过，当前高校武术教学的内容与手段仍滞留在以掌握套路为主上，导致大学生对武术课的喜爱程度有所降低。要改变这种情况，很有必要在高校武术教学中引入运动教育模式。

一、在高校武术教学中应用运动教育模式的流程

与高校篮球教学运用运动教育模式的流程相类似，在高校武术教学中应用运

动教育模式的流程也指的是一个运动季。一个武术教学的运动季也可分为练习期、季前赛期、正式比赛期和包括最终比赛在内的季后赛期四个阶段。其中，在练习期，高校体育教师需根据运动季开始后的分组进行教学，运用体育教学原则和方法实施教学，确保每一个小组及其成员的田径运动知识都能得到有效丰富、田径运动技能水平都能得到有效提高。在季前赛期，高校体育教师可在各组进行巡回指导，并允许小组及其小组成员依据其田径技能掌握情况进行有针对性的练习；要组织模拟比赛，让不同小组的成员在技术方面进行交流与切磋。在正式比赛期即学期的期末考试，要确保整个比赛由大学生组织，采用武术比赛规则，评分裁判由每组大学生间推选产生，裁判长由教师担任，而教师基本不参与评分，但要掌控整个比赛场面，对比赛评分中出现的问题进行控制。在季后赛期，高校体育教师要在确定各组的比赛成绩后，评选出比赛的名次，并对正式比赛做出点评和总结，还可以举行颁奖仪式和相关庆祝活动。

二、在高校武术教学中应用运动教育模式的注意事项

在高校武术教学中应用运动教育模式，要想获得良好的成效，必须注意以下三个方面。

第一，要切实以武术技击内容为核心，注重为大学生进行正确示范，并采取有效教学方法让大学生真正掌握各技击动作。

第二，要引导大学生切实明确他们在运动季的不同阶段所应扮演的角色，并帮助他们扮演好这些角色。

第三，要充分发挥高校体育教师的作用，即高校体育教师不仅要扮演好教练员角色，还应担任好"顾问"这一角色，在一些必要的情况下对大学生提供技术支持和理论讲解。

APPENDIX 附录A

运动教育模式的教学操作

运动教育是一种教学模式，其指导思想是以游戏理论和游戏教育为理论依据，让学生能够获得更多丰富、真切、有教育意义的运动体验，并把伙伴学习法、合作学习法、直接指导法这三种教授方法运用于教学的整个过程。教学单元均是以比赛为主，学生通过合作学习，在学习中获得更多成功与失败的体验。

运动教育为学生提供了充足的时间来发展技能并学习扮演成功的运动教育季所需的团队角色。学生除了学习技战术，还要学习更多知识。要想实现运动教育目标，使学生发展成为有运动能力、有运动素养和有运动热情的人，就必须重视运动教育教学过程操作。本附录内容旨在向运动教育实施者介绍运动教育实施中一些重要教学元素，为实施者能够正确、有效地开展运动教育提供教学参考。

第一节　课堂管理

课堂管理是运动教育成功的基础。运动教育课堂要求教师开发一系列管理例程，由各团队提前学习并在课堂上实施，以确保课堂上各项工作的有序进行。运动季比赛成功与否与一些关键角色如裁判、记分员和统计人员工作是否做得到位有直接关系。

一、课堂管理的缘由

运动教育的赛季比传统的教学单元长，学生在此期间需要学习更多的内容、扮演各种各样的角色。他们需要学习足够多的高水平技术和战术，才能在赛季比赛中表现出团队和个人自信。因此，时间在运动教育中就成为一种宝贵的"商品"，必须尽可能高效地利用它，让学生有更多的时间来学习和练习。课堂管理就是为了保证课堂上学生能够更高效地利用时间来进行学练而存在的。运动教育的课堂管理采用的是积极的管理策略，而非被动管理。

二、课堂管理常规

有效的课堂管理依赖于学生在课堂上学习和坚持的一系列常规。这些常规需要被仔细地教授，重点是使学生能够在尽可能短的时间内做到常规所需的行为。此外，学生还需要在竞赛期间，学习团队内部和团队之间适当的行为规范。

（一）进入活动空间、团队场地和热身常规

当学生到达活动空间时，应立即参与有助于实现赛季目标的活动。每支球队都应有一个指定的场地，无论是在体育馆还是在运动场，这都是他们整个赛季的活动场地，也是他们的团队空间。在体育馆，球队的主场可以通过在墙上张贴球队横幅来指定。球队主场的外部区域或球场可以用圆锥体或其他符号来标记。当球队热身、练习技术、训练战术或开会决定比赛球员的位置时，他们均需在指定的团队区域进行。学生们只要到达活动场所，就应立刻到自己的团队空间，并开始热身或与赛季相关的常规技战术训练。

（二）课段之间的转换常规

课程部分包括热身、技术练习、战术练习、练习赛、团队会议、角色练习（如练习裁判和记分）、竞赛环节和结束部分。并非每次课都必须安排所有的部分，但每次课都包含其中一些部分。因而，每节课都需要在各个部分之间进行平稳的过渡，如从技术练习过渡到战术练习，再到简短的结束部分。当转换平稳快速地过渡时，可有效地利用时间，减少耗时的环节，这有助于所有计划活动的顺利完成。如果过渡混乱，没有章法，学生会产生沮丧情绪，更有可能中断活动。

用于转换的常规包括注意的信号、指示的信号、分散练习的信号，以及强调在不中断的情况下快速完成任务转换。例如，在团队技术练习的最后，教师吹口哨，然后所有的学生立即停止他们的活动，面对教师。然后教师指示接下来将进行第一个 5v5 篮球比赛，A 队与 B 队比赛，C 队成员担任裁判职责。在比赛中将关注篮球技术与开始 5v5 比赛的战术问题。A 队与 B 队教练将他们的队友聚集在一起，安排比赛任务。C 队的教练和管理者迅速分配裁判和记分员等裁判任务，并分发哨子、统计表和篮球等物品。教师在旁观看监督确保比赛进展顺利，除非有问题出现或团队教练提出援助请求，否则教师不会干预比赛。

（三）设备管理常规

器材设备的管理是运动教育课堂顺利进行的物质条件保障。设备管理常规将教学生如何保管、更换和交换设备，以保证一个赛季所需的所有设备都可用，且处于良好状态。教师通常依靠以下两种方法来确保设备运行良好，并在练习和比赛中分发到适当的场地。第一，制订一个详细的设备管理常规，并教学生如何保管、更换和交换。第二，每个团队安排一位设备管理者，其有责任确保团队成员适当地参与设备的更换和交换。

（四）师生互动的常规

师生互动常规是教师与学生合作完成一节成功的体育课的保障。它是一种吸引学生注意力、使学生安静下来的常规；是一种聚集和分散学生的常规；是一种吸引教师注意力的常规。这些日常活动对于刚开始接受运动教育模式的学生来说尤为重要。因而，各项常规必须被清楚地描述，学生需要练习它们的时间和机会，需要明确关于教师如何执行它们的反馈，特别是关于完成相应行为所花费的时间的反馈。

（五）注意和安静常规

教师经常需要吸引分散在各区域学生的注意力。在体育馆或运动场外，教师应创建一个明确的信号作为注意信号，并告知学生该信号的含义，同时教会学生注意在信号发出时给出预期的响应信号。例如，对于刚开始学习运动教育模式的学生，教师可使用简单熟悉的命令，如"一声长哨"。口令发出后，学生立即停止练习，放下手上的器材设备并面对教师。有些教师成功地用拍手作为信号，学生面对教师保持安静时用双手拍手回应。对于经历过几个运动教育季节的学生，教师可与他们讨论日常活动，并欢迎他们提供合适的注意信号和响应信号。

（六）集合和分散常规

有时教师需要学生从分散的场地聚集到一个共同的场地。集合信号可使用注意和安静的信号并配合手势进行，然后简单地请求集合。集合信号包含学生应如何处置他们正在使用的器材设备的信息（如将其留在他们将返回的地方或将其带到集合场地）。许多教师也使用一种计时装置来测量学生移动到集合地点所需的时间，利用计时反馈能够激励学生快速做出反应。

一旦学生们聚集在一起，接受了教师提供给小组的任何指示或反馈，他们就会散开，回到各自的练习场地，或移动到指定的比赛场区，开始各队之间的比赛。在教学过程中，教师向学生提供移动反馈是很重要的，尤其是在赛季的开始或学生学习如何集合与分散流程时，教师应口头评估他们的行动是否迅速。

（七）教师的关注常规

不可避免的是，学生需要引起教师的注意。这种情况最可能发生在学生第一次学习如何在运动教育模式下进行操作及他们开始新的赛季（这一赛季的活动对许多学生来说较为陌生）时。虽然学生想要引起教师的注意可以理解，但他们争取教师注意的行为不应该扰乱团队或课堂的其他部分。给学生规定好教师的关注行为信号非常必要。例如，对于刚开始学习运动教育模式的学生来说，关注信号可能是学生站着不动，向上举起一只手。各阶段学生可与教师共同来确立与年龄相适应的关注信号。

（八）边界常规

教师可使用常规来使活动在不中断游戏和比赛的情况下继续进行。对于刚开始学习运动教育模式的学生来说，划定界线尤其重要。它的目的是教会学生在规定的有界区域内学习，这样他们就不会打断其他临近学生在有界空间中的活动。例如，在一个足球赛季的教学中，在比赛场地上同时进行两场比赛，不可避免地会出现球场之间距离过近的情况。因此，当学生带球冲向对手的球门时，可能会离开己方足球场，无意中侵入正在进行另场比赛的场地，以便带球绕过对方后卫。教师必须向学生展示这种情况是如何发生、何时发生的，以及学生为什么需要注意界外线并不能越过它们。

第二节　游戏意识与行为发展

运动教育中的竞赛组织方式能够培养学生的游戏意识和公平竞争行为。培养学生游戏意识是运动教育对学生思想做出的选择结果，培养公平竞争行为是运动教育对学生行为做出的选择结果。

一、游戏意识发展

学生只要在某项运动中感到舒适，就会喜欢上这项运动，进而积极主动地参与这项运动。不喜欢足球运动，没有从足球运动中感受到舒适快乐的学生，绝不会自觉成群结队地去踢足球，只有足球技能水平高的学生才会主动去召集同伴踢球。对于大多数参与游戏的学生来说，如果游戏流程杂乱无章，并且是技术娴熟的球员主导游戏，他们就会觉得该游戏无聊乏味。在排球比赛中，如果90%的得分都是在发球时得的，这对任何人来说都不好玩。正如我们已经注意到的，传统的体育教学非常注重发展孤立的技术，而不太注重学习游戏策略。在运动教育中的重点是发展学生的游戏意识。发展游戏意识需要学生学习将适当的技术与运用相结合，并理解游戏规则。当学习者完成这一技术任务时，也掌握了此技术的运用。优秀的队员会理解游戏的流程，知道团队试图执行的策略，处于正确的位置，做出正确的决定，并拥有执行决定所需的技术。

一场好的比赛进行时到底需要什么？技术和战术哪个更重要？在游戏的这两方面中，应该先学哪一个？虽然这两者都是必不可少的，但应该先教技术，然后在学习战术时付诸实践。

用于练习技战术的课堂时间的平衡取决于运动或活动本身的特点，即该运动或活动的技术和战术层面对游戏成功的影响。例如，体操中的平衡木或双杠，课堂练习时间主要是技术练习。然而，在分场的游戏（如网球、羽毛球）中，技术和战术的时间分配需更加均衡，因为比赛的战术层面更加突出。学会控制球对比赛的成功至关重要，每次击球后回到中心的位置也同样重要。如果学生每次击球后都不能回到中心，那么再精湛的击球技术对他们来说也没什么用，因为这会给对手提供足够的空间去进攻。教师必须向学生们介绍游戏的球场控制，否则他们不太可能在学习游戏中获得成功。相反，如果学生不能有效地执行这些技术，那么保持良好的球场控制也没什么用。如篮球、曲棍球和各种足球等入侵游戏，从战术角度来看可能是最复杂的，因此，学习这些游戏中的战术层面就显得尤为重要。例如，在大多数入侵游戏中，球员的跑位行为对球队的成功至关重要。这些行动需要对游戏规则的理解和对团队战术目标的掌握。在正确的时间出现在正确的地点对于防守和进攻而言都是非常必要的。因此，在入侵游戏中发展游戏意识需更加强调战术。

运动教育课堂时间中安排了技术练习和战术练习的时间。教师必须依据运动项目的特点合理控制技术练习和战术练习时间的分配，兼顾这两方面以便让所有学生都能玩好游戏（Bunker & Thorpe，2008）。

（一）技战术实践

教师应该以尽可能接近比赛或表演的方式组织技术练习。独立的技术练习不利于使技术在比赛中发挥作用，特别是对于战术更加重要的活动而言。例如，网球、排球和曲棍球中的技术都需要在流畅的比赛环境中使用，在这种环境中需要灵活的反应才能成功，独立的技术训练往往用处不大。因此，练习任务应该尽可能像比赛一样。

练习技术提高的关键是正确地重复。组织和管理好班级，可为学生提供最佳的练习时间。教师应该把学生组织成与实现练习任务目标相一致的小规模团体，各小组规模为6~10名学生，这通常意味着教师可以在每个班级中组织4~5个练习小组。练习任务总是有一个挑战性的目标，学生应该能够看到和记录他们努力的结果。

在战术更为突出的活动中，技术练习应包含适当的战术重点，为练习提供最丰富的背景。战术通常包括在一系列环节中使用技术（一连串的动作连接在一起以达到目标）。例如，篮球的快攻需要篮板、传球、运球、更多传球、投篮，无球球员的运动尤为重要。在排球比赛中，垫球、传球和扣球的顺序可以随着学生练习水平的提高而练习。在许多情况下，通过逐渐从后向前移动这些战术链会带来很大的好处。快攻练习可以从上篮开始，然后随着球的移动向后添加传球、运球和篮板。这种"反向链接"策略的好处是使预期的结果（篮球中的投篮命中或排球中的扣球）获得最多的练习尝试。这种方法也使游戏的乐趣最大化，因为它可以更加容易地达到成功。

（二）目标游戏的技战术练习

在高尔夫、射箭和保龄球等目标游戏中，技术练习占据主导地位，然而决策（游戏中一个关键的战术）对成功更加重要。例如，高尔夫球手必须学会在决定使用什么样的球杆和如何击球时考虑许多环境变量（如坡度、倾斜度、距离、障碍物、陷阱、树木和水）。教授高尔夫球的运动教育者应创新教学方法，将这些障碍加入他们的临时球场，从而让学生决定如何调整他们的比赛。

在射箭运动中，练习技术动作仍然是最重要的（尤其是在户外射击时）。然而，学生也必须学会如何适应不同的距离和风向。在学生有足够的机会以技术执行为重点练习射击后，还需了解射箭的战术。例如，教师可在教学中就逆风和侧风等不同的风向告知学生相应的射箭策略，让学生在练习中不断做出适当调整，只有这样学生才会深入地了解这些战术。

（三）击球和防守比赛的技战术练习

在垒球或板球等击球和防守比赛中，技术仍然是成功的关键，但战术也变得更加重要。例如，外场球员不仅必须学会如何接球和把球投出去，还要学会把球投向正确的垒位，以及在哪里和如何把球倒回垒位。一名优秀的跑垒员不仅需要跑得快，还必须学会决定是否要多跑一垒。这需要他们考虑击球的轨迹、知道外场球员的位置，并预判他们如何处理击球及比赛中的各种情况。

（四）分场比赛的技战术练习

在诸如排球、网球、羽毛球和乒乓球等分场比赛中，技术和战术的重要性趋于平衡。正如林克（2008）所主张的，除非学生能够学会控制和引导物体（如球），否则他们永远也学不会如何将对手移出位置并创造得分机会。此外，分场游戏的战术比入侵游戏的战术更加程序化，而入侵游戏因流程不太可预测，故而战术相对也不固定。以排球为例，排球是一种击打式游戏，而不是抓投式游戏，关键技术是前臂传球、发球、扣球和拦网。当学生通过接球和回球来保持球在比赛中时，其在排球活动中的兴奋感就增强了。这使得通过二传传球来控制球成为最重要的技术，而不是拦网和扣球。当学生提高他们控制球的能力时，就可以开始关注对手的位置，从而将球引向对手的弱势位置。

排球是一项重角度和方向的游戏，它的技术通常包括连续传球、垫球和扣球。教师应设计和游戏中相似的内容让学生来练习。最重要的战术和技术如下：

有球权进攻技术：

①发球；

②上手传球；

③二传传球动作。

无球权进攻技术：

①正面迎球的接发球；

②扣球；

③攻防转换位置；

④后排保护队友。

有球权防守技术：

①救球；

②拦网。

无球权防守技术：

①队员接触球前的基本动作；

②追球；

③正面迎球的接发球；

④攻防转换。

排球练习最好在三回合中进行，进行 3v3 比赛通常是保证球员对排球运动的兴奋感的最佳途径。所有分场比赛的一个共同点是，队员通常不会把球送回原来的方向，而是试图改变角度。

当球场尺寸、规则和设备被修改时，更容易增强队员的游戏体验感。选择这种修改时要有特定的目的。例如，早期练习和比赛的一个关键因素是从一个自由球开始，而不是从发球开始。一个自由球是一个在网上的低手传球（甚至是双手投掷），然后开始练习。在学生对传球技术掌握得足够好前，都要尽可能使用自由球开始。因为如果传球技术没有得到充分进步，接发球将永远不会出现，比赛将包括一系列无休止的发球尝试。另一个改变排球比赛条件的例子是减慢球速，这可以通过升高球网、使用漂浮时间更长的更轻的球、使用更小的场地、使用更软的球四种方式来实现。减慢球的速度让学生有更多的时间对球的速度和轨迹做出反应，并决定向何处击球。许多学生在传球和上手传球时有困难，因为他们没有处于正确的位置来执行这项技术。早期的混战和练习赛应使比赛双方通过合作来保持球的运动状态，两个队应尽量让球越过球网。随着学生在技术和脚步移动方面得到提高及表现出游戏意识时，教师就可引入得分游戏。以自由球开始比赛，网高被设定在球员踮起脚尖所能达到的平均高度，扣球技术应该在学生学会上手传球和二传传球动作后引入。

（五）入侵比赛的技战术练习

在入侵游戏中，战术的理解和实践对游戏意识的培养至关重要。在这些游戏中，一个学生控制球，其队友移动到位执行战术移动。对所有学生而言，与他们离开球的时间相比，花在球上的时间只占很小的一部分，特别是在各种形式的足球比赛中（足球、橄榄球、美式足球）。入侵游戏中的战术动作是指"进攻者与队友配合，保持控球并尝试得分，以及防守者夺回球的方式（Launder，2001）。

入侵游戏中的进攻战术旨在创造这样一种情况，即在正确的时间和地点，使进攻学生人数超过防守学生。这些策略包括以下原则。

①进攻者通过在正确的时间进入恰当的位置来创造有利空间。

②进攻者通过某些行为造成防守者必须花时间来拉近距离，为进攻者赢得时间优势。

③进攻者利用这个空间和时间来做出决策和执行技术。

④接球队员应指出球的交付位置，并在收到球时环顾球场情况。

⑤然后进攻者决定下一步做什么——投篮、传球或跑动（运球）。

⑥在继续传球时，传球者必须选择最好的接球手。

⑦传球应使球以合适的速度传到合适的位置。

⑧在任何时候，进攻者都应该保持场地布阵平衡。

防守战术旨在防止得分，夺回控球权，并向有效进攻过渡。这些策略包括以下原则。

①立即对从进攻到防守的控球权变化做出反应。

②始终保持对球的高度关注。

③为给球有压力的防守队员提供掩护。

④严密防守占据重要空间的进攻者。

⑤提防无球进攻者进入有利位置。

二、公平竞争行为发展

（一）培养公平竞争的文化

一直以来，课堂上学生吵闹、不听话、不合作，这些经常出现的纪律问题使得教师很难实现他们的教学目标。研究和实践证明，发展和维持有秩序的学习环境是达成教学目标的关键。运动教育模式的作用在于使学生进行合作，坚持学习和提高，对自己的各种角色负责，并给予队友以支持。长期以来，人们一直认为体育可以塑造人的性格，但这并不是通过参与体育项目就能自然而然地实现。运动教育帮助学生发展自我控制能力，学习团队合作，并充分发挥自己的学习优势和提高对各种角色的扮演能力，运动教育力求使公平竞争成为每个运动教育季的主要目标。

长时间以来，运动教育一直强调社会发展和人格发展的目标。体育是社会和个人发展的载体，枯燥无味的体育学习氛围不太可能促进学生个性的积极发展。

运动教育的社会和个人发展目标隐含在运动教育的长期目标中——让学生成为有运动能力、有运动素养、有运动热情的运动员。运动季较长的运动教育形式和赛季期间的团队成员资格为学生提供了成为优秀领导者、优秀队友和优秀竞争者的动力背景，使学生确切地了解公平竞赛在特定体育和其他体育活动中的意义。当学生作为裁判角色履行职责时，他们会学习公平竞赛，学会欣赏并参加一系列比赛。好的比赛可以逐渐让学生学会坚持不懈，体会到自身不断提高的满足感，以及为团队努力作出贡献并实现自我价值的成就感。

学生的行为发展方法是以公平竞争的概念为基础的。公平竞争的含义比仅按规则办事要广泛得多，它还意味着尊重对手，以正确的精神和态度参与比赛，争取平等的机会，作为队友和球员要尽力、负责任的表现。

运动教育为实现公平竞争目标提供了环境。学生与团队的紧密联系和学生在一个赛季中必须扮演的多重角色为教师强调公平竞争和学生学习目标的实现提供了机会。团队定期开会一起做决定，竞争一个赛季冠军。学生评判员所处的环境让他们做出评判，比赛对手则做出反应。

（二）公平竞争教学策略

根据学生的年龄和经验，公平竞赛教学策略会有所不同。总体策略是让公平竞赛成为整个运动教育季的中心，为实现这一目标可采取以下几条措施。

①制订一条行为准则，其中包括对特定行为的具体描述。可开发针对关键角色（如裁判、教练、经理）的更具体的行为准则。

②制作一张展示公平竞争和不公平竞争之间差异的公平竞赛海报。

③制订协议或合同，特别是对教练和裁判员而言。

④注重公平竞争的简短意识谈话。意识谈话可以发生在可能存在问题的单个团队中，在课程结束时，或在课堂内的任何可教授的瞬间中。意识谈话通常是由课堂上发生的具体事件引发的。它们可能是由不公平竞争事件或不充分的团队表现所引发，但也可能是由于个人、球队公平竞争的正面例子所导致的。

⑤建立具体的机制来处理冲突。对于大学生来说，教师通常组成一个争议小组，成员包括每个小组的一名成员和教师。当出现严重的争议，例如可能违反公平竞争守则，或对选队的公平性有不同意见时，小组便开会讨论，并提出建议，这样的小组所做出的决定，远比老师单独做出的决定更容易为学生所接受。

1. 运动教育公平竞赛行为准则

为保证优质的实践和比赛，所有运动员应做到以下几点：

（1）全面负责地参与

①准时。

②在团队和课堂任务中发挥自身作用。

③保持参与热情。

（2）尽最大努力

①努力练习。

②努力做好本职工作。

③努力与各角色的团队成员合作。

（3）尊重队友和对手

①控制自己的行为。

②尊重每个人充分参与的权利。

③试着和平、迅速地解决冲突。

④以各种方式支持团队和队友。

（4）具有体育精神

①按照规则行事，并始终尽力而为。

②尊重裁判员。

③表达对队友和对手的赞赏。

④无论输赢都有良好的体育精神。

2. 公平和不公平竞争的特征

（1）公平球员的特征

①接听官员的电话。

②赞美他人的技战术。

③鼓励队友。

④发挥自己的作用。

⑤帮助技术较差的球员，在比赛中表现出宽宏大量的风度。

⑥希望每个人都能成功。

⑦努力且公正。

（2）不公平的球员特征

①试图曲解规则或作弊。

②与官员争论。

③把错误归咎于他人。

④批评队友。

⑤占据空间，主导游戏。

⑥嘲笑技术水平较低的球员。

⑦胜利时幸灾乐祸，失败时闷闷不乐。

⑧经常发脾气。

3. 为学生和老师达成的公平竞赛协议

对于竞赛者

＿＿＿＿＿＿＿＿＿＿＿＿＿，同意

①永远遵守规则。

②从不与官员争论。

③明白我参加比赛是因为我喜欢这项运动。

④努力以个人的最佳状态去参赛。

⑤对其他优秀球员表示赞赏。

⑥控制脾气，不炫耀。

签名＿＿＿＿＿＿　　日期＿＿＿＿＿＿

对于老师

＿＿＿＿＿＿＿，同意

①让学生玩得开心。

②鼓励学生，并提出建设性的批评。

③指导学生遵守竞赛规则。

④告诉学生官员是游戏的重要组成部分。

⑤给每位参与者玩耍和学习技能的机会。

签名＿＿＿＿＿＿　　日期＿＿＿＿＿＿

4. 教练公平竞争合同

良好的运动是一种积极的态度。作为一名教练，制订了标准，就应带领团队努力和公平地比赛。

我将尽我所能做到以下几点：

①为我自己和所有团队成员制订个人行为标准。

②给予每个玩家同等关注及比赛时间。

③不和裁判争论、不作弊、不为输球找借口，对自己的球员保持积极的态度，不嘲笑他们。

④无论比赛输赢都尊重团队的努力。

⑤尊重对手和官员。

签名：

5. 裁判员公平竞争合同

裁判可以为比赛定下正确基调，助比赛更公平地进行。

我将尽我所能做到以下几点：

①以公平和积极的方式控制比赛。

②在适当的时候，通过解释决定来帮助参赛者理解规则，尽自己所能确保球员们的比赛体验感。

③鼓励公平竞争，对犯规行为零容忍。

签名：

第三节　选择赛季目标和结果

运动教育模式的目标是使学生成为完全意义上的运动员，并帮助他们成为有能力、有素养和有热情的运动员。此目标的实现需要教师决定在各个赛季内学生需要完成什么。为一个赛季制订计划时，首先要通过三个相关问题来选择具体的运动季目标。

第一个问题是在这个赛季末，教师想从学生身上看到什么？

第二个问题是如何优化学生在运动教育季节（包括课堂和课外）进行体育活动的机会？

第三个问题是如何确保学生享受这个赛季？

赛季设计过程中最关键的一步就是选择和定义赛季目标和结果。这个目标和结果不仅要考虑学生的运动技术和战术水平，而且要考虑学生非公开展示的知识和技术，如扮演裁判员、记分员等国际单项体育联合会的角色的表现。运动教育形式的一个优点是它允许追求多种目标和结果，在本节中概述两组结果：一是与终身体育有关的成果，二是运动教育的赛季成果。

一、与终身体育有关的目标

（一）在课堂内外（校园和社区）增加学生的体育活动

体育活动的积累是一个重要的结果，长期目标是让学生重视体育活动锻炼，使其成为日常生活的一部分。应让课堂体育活动成为每一个运动教育季节的一部分，学生的体育活动的强度应保持在中等强度（相当于快速步行所需能量）。这一标准的制定是基于大量的研究证实，研究表明，经常从事强度达到中等水平的体育活动有助于健康。如果学生只有在课堂上被老师观察时才积极主动，那么就仍远远不能实现运动教育目标。教师必须采取鼓励学生主动进行体育活动的策略。例如，教师可让学生练习相关的技术来鼓励学生在课后进行身体活动，并完成特定于活动的调节任务。通过将课外体育活动纳入赢得季节锦标赛的积分体系，可以鼓励学生增加体育活动。

（二）增强学生参与体育活动的信心

体验成功的感觉对于培养学生作为参与者的信心至关重要，这反映了学生在体育活动中的自我效能水平。学生是否寻求在校外参与体育锻炼机会的最佳预测因素之一是他们对自己在运动过程中表现出来的能力和快乐的认可。

二、运动教育季目标

（一）增强学生参与特定活动的体验感

任何体育活动的自我效能都取决于在第一次参与的机会中的体验感。对在运动教育中改善学习条件的强烈关注可促进学生积极主动地学习。要做到这一点，就必须增强学生参与活动的趣味性，这将使学生在课堂上获得更加愉快的体验。

（二）通过提高学生的技术和战术水平使他们获得良好游戏体验

游戏的优与劣取决于学生的技战术掌握水平。在修改后的游戏中，应先教授技术，然后快速地结合各种战术。很明显，学生只有在获得了足够机会参与改进后的游戏的前提下，才会拥有良好的游戏体验，技术和战术的执行质量才会得到提高。

当学生的传球技术提高后，会在比赛中将球传给合适的队友，使他们有机会扣球得分。学生们会逐渐明白要达到目标，就必须提高自己的技术水平。因此，将学习适当技术的重要性是最快和最好的得分和赢得比赛的方式这一观点传达给学生非常重要。原则上，赛季结果应注重培养学生运动项目技术水平本身并使他们在比赛中多运用这项技术。

（三）使学生了解游戏的主要规则及特征

首先，学生应能够识别特定季节的游戏规则，尤其是当违规或犯规时的处罚。在体育教育中，学习游戏规则尤为重要，季前期是学习这些技能和知识的最佳时机。

其次，学生应能够准确地在比赛中判定得分。在运动教育中，所有学生都应在赛季中的某个时候担任记分员，作为他们团队职责的一部分。计分时常常会犯错误，部分教师也把判定比赛得分的准确性作为学生参加此赛季的先决条件。

再次，学生应了解运动的历史和它的传统。例如，在一个专注于排球的赛季中，学生们可能会了解排球的发明地点、用途及最早的排球运动员是谁、排球这项运动是如何发展和传播并成为国际性运动等方面。

最后，学生应认识到不同活动之间的适合性需求。在相关情况下，学生应能够评估成功竞争所需的技能和身体素质，并可以从学习每种活动的特定健身活动中获益。

（四）使学生了解裁判员所需掌握的知识

在正规比赛中，裁判员和记分员颇为重要。如前所述，裁判员需要知道如何应用规则。此外，他们还应学习如何、在哪里和何时移动；如何打手势及如何向球员和记分员解释违规行为。裁判员在确保比赛进展迅速和犯规等方面尤为重要，如必须以推进比赛为目标快速完成对犯规行为的判罚。

（五）使学生了解团队其他角色需掌握的基本知识

团队教练需清楚如何提出实践任务，向团队成员提供反馈，适当地激励团队，并确保所有团队成员都有足够机会进行实践。随着团队教练经验的丰富，他们应学会制订自己的团队实践计划。团队经理需明确如何计划、组织、管理一个小组。团队的健身教练可为团队设计一套有效的热身运动，能够利用运动来调节成员的身体状态。团队公关人员可助力于团队的权威性及团队关系的建立。

（六）使学生能够公平竞争

运动教育公平竞赛的目标概括如下：负责任地参与；尽自身最大努力；尊重队友和对手；具有体育精神。

教师可以灵活地从以上这一系列赛季目标中进行选择指导学生进行公平竞争。

第四节　设计赛季以完成目标

运动教育每个赛季都非常注重教学技术和战术，并组织一系列的比赛，使学生能够提高技术水平。整个赛季过程设计得合理与否关乎赛季目标能否顺利实现。

一、赛季的制定

（一）考虑因素

在设计运动教育季节时，影响赛季设计的因素包括进行运动教育的时间、每个班级的人数、运动空间大小及可用的设备类型和数量。在小学阶段，10~12节课、每节课至少40分钟就可实施运动教育模式；高中20节课，课时至少45分钟或每节90分钟，10节课都可以实施运动教育；大学10节课以上，每节90分钟就可以实施运动教育。

尽管这些因素可能会限制赛季活动的选择，但它们不会成为开展运动教育模式决定性因素。

（二）关键要素

在进行赛季设计时，第一步是确定要实现的赛季目标。这些目标所代表的技能水平（技术+战术＝技能），将在很大程度上取决于学生已经发展起来的技术能力及战术意识。如果一项活动对大多数学生来说是陌生的，那么就需要更多的时间来使学生掌握开始比赛的基本技术和战术。如果学生以前经验水平不同，那么教师将不得不考虑经验较缺乏的学生。在这种情况下，教师可设计使用分级比赛，并根据经验修改游戏中的各个方面（如规则、团队规模）。比如在足球赛季中，如果选择了运动教育中最常用的三队一班的模式，那么教师应该给每个队分配经验水平不同的学生，这样就可以让经验丰富的学生组织A级比赛，经验较少的学生组织B级比赛。B级学生将在更小的场地上进行3v3的比赛，使用更简单的规则；而A级学生可在更大场地中进行5v5的比赛，规则更接近正规的足球比赛。

(三) 设计步骤

1. 制定切合实际的赛季结果

在篮球赛季中教师不要机械化地要求学生必须学习区域和人盯人之间的防守。当学生在篮球运动中的经验有限时,可选择一种防守方式和一种相当简单的进攻模式来教授给学生。

2. 从目标来设计

从教师期望学生在最终比赛中的表现水平开始,根据赛季的天数,逐渐向后分配时间和活动内容,看看从哪里开始进行技术、战术和知识的指导和练习。教师在设计赛季时需问自己这些问题:学生必须掌握什么技能?他们需要学到什么?他们需要多少时间才能熟悉技能,并在为达到目的而设计的活动和游戏中表现出色?什么样的活动和游戏将帮助学生享受其中并达到预期的教学效果?在回答了这些问题后,教师就可以有效地评估如果要取得成果,必须涵盖哪些内容;以及如果时间允许,可涵盖哪些内容等问题?

3. 规划和检查各种步骤的一致性,以实现目标

当通过指导、实践和竞赛导致期望的目标出现时,就存在着一致性。由于运动教育成果是以在游戏、竞赛和活动中表现出良好的能力来定义的,因此教师指导和实践任务设计时应明确地引导学生向这一目标靠近。教师在设计技术活动时应使其更逼真于比赛。例如,在排球运动练习中,对墙传球练习缺乏真实性,如果技术练习是重点,那么在有限的区域内保持三人一组的传球小游戏,就可使学生进行更多的实战练习。此练习设置可在使用多种挑战变化的情况下进行扩展,用于解决步法问题和团队成员之间的沟通配合,在随后的比赛中可作为热身练习。学生的战术意识应通过一系列实战比赛而不断增长。

4. 仔细考虑活动顺序安排

在一个赛季设计的所有活动都应有助于实现本赛季所期望的目标。因此,设计各种实践任务时应深思熟虑,要认识到:第一,学生不需要在一个赛季中学习有关运动或活动的所有知识;第二,不是每个班级都必须致力于健身、知识、技术、战术和社会目标的实现。

可用一种方法来安排比赛的顺序，以获得季节性的结果。如篮球赛季第一场比赛是 2v2，掩护转身切入是进攻的主要战术。学生将要学习运球、掩护、掩护转身切入、传球，防守者将需要学会判断进攻者的掩护、识别何时切换以防守其他球员。学生们应学习以上这些战术和技术，然后将它们运用到一场 2v2 的半场比赛中。当这场比赛结束后，可接着进行一场 3v3 的人盯人比赛。各队队员可学习传球和掩护进攻，可将在上一场 2v2 比赛中学到的东西转用到这场稍微复杂一些的比赛中。3v3 盯人比赛相较于 2v2 半场比赛主要的战术增加是布阵平衡、无球跑动、补防、溜底线等。

二、赛季准备

赛季准备指的是在赛季开始前教师需要考虑和准备的内容。运动教育的一个主要特点是学生从开始就知道赛季的结构。附表1展示的是赛季开始前教师应做的具体准备工作。

附表 1　赛季开始前教师的准备工作

任务	说明
活动的选择	确定活动规则和修改活动的方法
场地和设备	了解每次比赛的球场或场地布局、所需设备情况
赛季的长度	了解赛季总时长及每天的持续时间，以衡量分配给赛季内各内容的时间
团队（小组）	决定每队人数及选择队伍的方法
角色	必选角色：运动员、裁判员、记分员、教练员、经理、体能教练，可选角色：统计员、宣传员
角色的保障	创建值班表、仲裁机构
确定团队	选择队名、队色、吉祥物、口号和公告栏上的团队位置
责任组职责	安排场地上的器材设备、每场的裁判员和记分员
责任组设施需要	安排计分表、口哨、粘贴板、球、裁判
本赛季的教学常规	主场、准备活动
内容开发	修改游戏顺序，技战术教学，规则教学、裁判员和记分员，安排学习活动的顺序
教学保障	制作反映要教授技术的关键点和易犯错误的海报
准备活动	进行技术、拉伸或健身，准备与日常技术练习相关的海报

任务	说明
公平竞赛	公平竞赛的体现及评价
最终事件	确定活动的性质、准备奖励
评估方案	确定对角色表现的评价方法、为比赛内容建立评估办法
赛季冠军	确定所有有助于获得冠军积分的活动——公平竞赛、裁判组、角色、赢的场次数等，确定每项因素的分值、公示积分系统讲义或海报，以便让所有学生一目了然

三、赛季课程

运动教育中的日常课程分为三类：学习和练习日、练习和比赛日、比赛日。每一天的节奏都会略有不同，每一天都是从学习一项专注于体能、技术或两者结合的入门内容开始的。

（一）学习和练习日

学习和练习活动通常包括有指导的练习和独立的练习，有指导的练习通常是由教师指导完成的。团队的独立练习通常在他们的主场进行，由教练发挥主导作用，教师在整个空间中进行协助。分配的练习任务应尽可能鼓励队友互相帮助。在练习中可进行演练，让学生有机会在整个赛季练习游戏所需的相关技术。

（二）练习和比赛日

包括练习和比赛在内的练习和比赛日通常依赖于学生已经学会并知道如何做的练习任务，而不需要老师的解释和提示。也就是说，练习的内容已经成为学生练习的例行程序，重点放在技术复习和提高战术意识上。应安排时间让各队为当天的比赛做计划，并制订出应对因缺勤而导致的各种突发情况的应对措施。

在上课的适当时间点，教师发出上课比赛阶段开始的信号。责任组应在第一时间内迅速组织起来（即安排裁判、记分员等人员及比赛球、记分表、铅笔等物品）。因为比赛是定时进行的，所以所有的排球比赛都会同时开始和结束。责任组的工作之一就是使游戏以快速的节奏进行。应在两组比赛之间分配一段特定的时间，便于下一支球队为下一场比赛做准备，并让球队经理把球员引到适当的场地上。

（三）比赛日

几天的比赛日可能发生在赛季日程中的任何时候，而不仅是在赛季结束的时候。每一项新的比赛都将是一项复杂的活动，学生们需要时间来学习和练习新的比赛所需的技术和战术。在任何新的比赛阶段开始时，团队将需要时间来锻炼团队配合水平及分配角色。

所有的课程都应以闭幕式的结束而结束，在此期间教师会对一天的活动进行总结，这也是表彰在实践和竞争中的优秀人员及表现的时候。表现出公平竞争行为的学生、团队及责任组将得到奖励。

足球日常课程案例（第一课：学习和练习）

这是足球赛季第二阶段比赛的第一天。在最初阶段，学生们参加简单的1v1足球比赛，比赛场地和规则类似于半场篮球赛。在同一阶段，学生重点学习运球、射门、抢断和护球，还学习了防守空间的概念。第二场比赛将是2v2，在本赛季第二阶段的第一节课中，教师将通过指导全班实践，介绍传球和停球的技术及布阵平衡、无球跑动、传中和切入的战术概念。学生们两人一组（仍然是以全班的形式）开始练习教师刚讲过的技巧。通过此过程，教师能看出他们是否有足够的理解力从独立练习中获益。

此外，教师还展示了一项最初的练习任务，即玩家两人一组练习，但要不断地移动，而不是在固定的位置练习技术。然后，球队分散到各自主场进行同样的练习，球队教练在帮助他们的球员学习技术方面发挥了积极作用。之后，教师再次召集学生，回顾团队实践中的优点和不足。接下来的练习任务将引导学生与一名防守队员进行竞争。此后，队员们回到他们的主场，在指定的正方形内练习。随着时间的推移，在更大的练习空间中，团队可能会在4v1、3v1和3v2游戏中练习所需的相关技术。最后，教师对学生的练习情况提供反馈，并进一步讲解了学生所练习的这些技术在运动项目中的重要性。

四、赛季得分系统

（一）赛季得分系统的建立

在设计赛季计划时应建立一个赛季得分系统，教师需思考如何确定一支赛季冠军球队。在运动教育模式中，教师在将一些目标纳入冠军队伍的确定方面有较高自由度。附表 2 展示的是联赛排名的一项示例。

附表 2　联赛排名示例

代表队	胜局 （5/场）	平局 （3/场）	公平比赛 （3/匹配）	组织 （2/匹配）	裁判表现 （5/匹配）	总分
A 队	25	6	30	20	25	106
B 队	25	0	30	20	22	97
C 队	15	6	28	20	25	94
D 队	20	3	26	17	25	91
E 队	30	0	20	16	23	89
F 队	15	3	28	18	24	88

上述联赛排名表明，一支球队的输赢并不是唯一的成功指标。赢只表示该团队在技战术水平上高于其他队，但不能反映个人行为和社会行为的表现。比如，E 队赢球最多，但 C 队在公平竞赛行为、组织力和裁判服务等方面更胜一筹，因此最终 C 队获得了第三名，E 队第五名。

上述示例只是许多设计中的一个。教师可通过三步建立得分系统：第一，决定对赛季尤为重要的结果（如团队组织）；第二，为这些结果提供权重（即团队每场比赛或每节课可以获得的点数）；第三，设计或选择用收集各项信息的方法或工具。

（二）赛季结果的决定因素

为了帮助教师更好地设计赛季得分系统，下面简要阐述几个决定赛季结果的因素。

1. 运动奖励积分制度

下面是一则运动奖励积分制度的示例。

①每日团队合作积分：30 分，每类每日 1 分

10 分-所有队员正确完成热身和放松。

10 分-所有队员穿着得体，不拖拉。

10 分-参加班级活动的团队组织有序、举止文明。

②团队认知积分：30 分

10 分-裁判判罚公正。

10 分-完成并按时上交笔记本。

10 分-测试和工作表准时上交，所有队员都及格（达到总分的 70% 以上）。

③公平竞赛积分：40 分

被教师或裁判警告扣 1 分。

因多次超时而被教师扣 2 分或黄牌扣 2 分。

吃到红牌或技术犯规扣 3 分。

④比赛分：30 分

在比赛中进行合作得 1 分。

每赢 1 场得 1 分。

每平 1 局得 0.5 分。

运动奖是一项授予团队长达一年的奖项，它由日常团队合作、团队认知、公平竞争和比赛得分组成。

2. 公平比赛须知

下面是一则公平比赛须知示例。

①必须在任何积分系统中突出公平，以确定本赛季的冠军。在许多初级比赛设置中，从指定数量的公平竞赛分数开始，如果球队违反了公平竞赛规则，将被扣分。在使用任何评分系统时，都应将数据公之于众以便所有学生都能看到。

②设置公平竞赛检查表。公平竞赛分值系统中设置由裁判在每场比赛结束时填写的检查表，裁判可以判给球队 0~2 分。一支球队如要得到 2 分，不仅需要公平竞争，还必须赞扬队友并称赞对手的优秀表现。按规则比赛并以中立的方式行事的球队可能得 1 分，而表现出负面反应的球队得分为 0。

③教师提前规定只有球队表现出一定程度的公平竞争，才有资格进入季后赛。例如，一支球队需要在整个赛季的公平比赛中取得超过 2/3（67%）的积极结果时，才能取得晋级资格。

④符合下列之一，就可得 1 分

第一，到达指定区域，三分钟内能在健身教练的带领下开始热身。

第二，在课后能将器材设备送回健身房的指定位置。

第三，团队能够迅速有秩序地从自己的活动区进入比赛区，并准时开始比赛。

第四，遵循赛后行为规则（如排队与对方握手）。

3. 团队能力

附表3展示了团队能力评级示例情况。

附表3　团队能力评级示例

队伍	赛季天	1	2	3	4	5	6	7	8	9	10	总分
	日期											
A队	快速热身	1	1	1	1		1	1	1		1	
	返还器材	1	1	1	1		1	1	1		1	
	高效地进入比赛	-1	0		0		1	1	1		0	
	赛后行为	1	1	1	0		1	0	1		2	
	每天合计	2	3	4	2	0	4	3	4	0	4	26
B队	快速热身	1	1	1		1	1	1		1	1	
	返还器材	1	1	1		1	1	1		1	1	
	高效地进入比赛	1	1	0		1	1	1		1	1	
	赛后行为	1	0	1		1	1	1		1	0	
	每天合计	4	3	3	0	4	4	4	0	4	3	29
C队	快速热身	1	1		1	1	1		1	1	1	
	返还器材	1	1		1	1	1		1	1	1	
	高效地进入比赛	1	1		0	1	1		1	1	1	
	赛后行为	1	1		1	1	1		1	1	0	
	每天合计	4	4	0	3	4	4	0	4	4	3	30

五、首次设计赛季的建议

对于第一次尝试使用运动教育模式的教师，建议设计一个简单的赛季，这样所需准备时间较短，从而有足够时间用来指导学生学习运动教育季的特点，适应运动教育季的节奏。以下是一些有效的首次设计赛季时的建议。

①从一个班级开始。改变是困难的，需要时间。建议教师只以一个班级中的

学生为教学对象来开始运动教育，这样便于教师有精力对赛季的规划和实施做充分准备。

②时刻注重让学生进行课外体育活动。在常规体育课程外，要指导学生多参与课外体育活动，它是帮助学生走向积极生活的关键。

③选择熟悉的活动。这将使技术和战术内容的开发变得更加容易，也有助于简化教师对游戏进行适当修改的过程。

④在最初的几个赛季中，只让学生扮演裁判员和记分员的责任组角色，以及教练、经理和体能训练员的团队角色。之后的每个赛季，教师可根据学生实际情况让学生扮演更多的角色。

⑤开发简单的公平竞争制度。建立公平竞争制度，向学生清晰地解释这一制度，并在教学过程中不断提醒学生遵守公平竞争规则。

⑥开发规则简单的游戏，简化记分方法。过多规则会对球员和裁判员造成压力。

⑦要在教学组织管理和教学内容上下功夫。学生必须在教师的指导监督下学习和履行教练、健身教练和经理职责，应了解责任组的责任并迅速完成相应任务。

⑧建立简单的积分制，如公平竞争的分数、竞赛的分数和责任团队的分数组成的积分系统。同时，也可将其他角色，如教练和经理这两个团队有效运作过程中的关键角色的表现纳入积分系统。

⑨建立最终的庆典活动。对于大多数学生而言，一个包含季节奖励的庆典活动可能是他们唯一获得同学对其成就的认可的机会，是激发学生下个赛季更好地表现的手段，因而，精心安排庆典活动非常必要。

第五节　改进游戏

运动教育的一个关键特征是提供适合学生的游戏。这里的游戏泛指在体育教育中使用的活动（如体操、有氧舞蹈）。经过改进的游戏是指根据学生的年龄、体形、经验、健康状况、能力和技能水平调整了游戏规则、器材设备和时长的游戏。修改后的游戏的挑战性不会减弱，而是更符合学生的技术水平与发展状态。修改游戏的目的是将学生的需求放在第一位。

一、改进游戏的主要策略

在改进游戏时，教师需要牢记以下五条关键策略，以使游戏充满乐趣、具有挑战性，且能让学生获得成功。游戏的改进始终应根据具体情况而定，这取决于教师对学生能力的了解程度。

（一）使学生在游戏中易于得分

在任何比赛中学生都会痴迷于得分，得分是定义成功的重要方式（虽然不是唯一的方法），也强化了适当技巧和战术的使用。当得分很少时，学生往往会感到沮丧。例如，当学生被教导用 3 米高的篮筐和 5 人制的规则球打篮球时，得分会很少，学生就会产生沮丧心理。排球的本质是反弹，大多数得分都是通过在网上或附近击球获得。然而对于水平较低的学生而言，其在排球比赛 80% 的得分来自发球，针对此种情况，可用自由球开始每次比赛。

有很多方法可以增加得分的可能性。例如，使用较低的篮框、较大的足球球门都会增加对得分的可能性。

（二）减缓球的运动速度

通过减缓球或物体的移动速度，可使学生有更多时间来做出反应和移动。在发展游戏意识（Launder，2001）中，学生逐渐学会如何预测物体、队友和对手的移动，进而帮助他们移动到有利位置，使他们能够进行下一次游戏，从而保持游戏的流向前进。在排球、羽毛球和网球等分级游戏中，减缓球的运动速度尤为重要。球移动得越慢，越有利于培养学生预测和移动到适当位置的能力。这种修改方法也适用于入侵游戏，其中规则球（如足球、曲棍球）经常移动过快以至于初学者无法到位以成功地继续游戏。有很多方法可以实现这个目标，但最重要的两个方法是使用移速更慢的球并增高划分球场的网的高度。

可以购买或制造比规则球在空中和地面移速更慢的球。如以排球为例，教师可使用比标准排球体积大 25%、重量轻 40% 的训练球，然后再用一个软性的接触球。此外，将球网设置得越高，球移动的速度就越慢，因为球必须在更高的轨道上被击中才能越过网。这可使学生有充足的时间移动到合适的位置，执行适当的技术，保证游戏正常进行。

（三）给学生提供更多练习技巧和战术的机会

实现这一目标的最重要策略是减少团队人数。研究技术和策略学习条件的大多数专家都认为，在竞争中经常重复使用技术或策略是提升学生技战术水平的关键。在 11v11 足球比赛和 6v6 排球比赛中，学生在比赛过程中运用技战术的机会太少，但在 5v5 足球比赛和 3v3 篮球比赛中每位运动员会得到更多的机会运用技战术。

在篮球、排球及足球等游戏中，学生在战术方面需要学习的大部分内容都可通过 3v3 的比赛方式学习。在 3v3 比赛中，学生可获得更多的接触球的机会和更多的得分机会，这有助于他们更快地掌握战术策略和技巧，小型游戏的复杂性也有助于他们更快地把握游戏的战术性质。

（四）让学生在入侵游戏进一步学习战术

入侵游戏要求学生掌握最复杂的游戏策略。分析入侵游戏策略可帮助学生逐渐适应越来越复杂的策略，最简单的方法是使用一系列小型游戏。如 Bell 和 Darnell（1994）描述了一系列针对足球初学者的比赛，这些比赛说明了这一原则。第一场比赛是 1v1，比赛同半场篮球的方式类似。要成功打 1v1，学生必须能够在进攻时运球、防守和射门，并保持合适的防守空间。在短时间（3~5 分钟）比赛中，学生可以获得大量的学习战术的机会。下一场比赛是 2v2 全场比赛，引入了串联防守的概念，进攻球员学习传球、切入和场地平衡。接下来是 3v3 比赛，每边的 3 人包括守门员、后卫和前锋或两名前锋和守门员。在 3v3 游戏中，引入了投掷、进球和角球技术。在 3v3 比赛中，球员保持平衡、切入优势位置及球中心的战术概念变得非常重要。对于防守者和攻击者来说，他们在 3v3 比赛中无球跑动的次数明显增多。类似的策略也可用于篮球和曲棍球游戏练习。

游戏空间的大小和配置有助于学生更好地学习战术。特别是在场地入侵游戏中，相对于球员的数量，空间应该足够大，以允许球员有更多时间适应球、队友和对手的运动。随着学生在游戏中进步，就可以缩小空间，这样学生就可以更加重视空间并应用攻击或防守的策略。

（五）更改定义评分的规则

可以通过更改定义得分的规则来改进游戏。由于游戏的目标是超越对手，因此这种动机可用于强调某些技术和战术的使用。教师可以修改分数规则，为他们希望学生关注的内容提供更多的分数。比如在排球游戏中，对于通过传球、定位球、扣球等方式得分的球队，教师可给予 2 分而不是 1 分。

二、各类游戏的改进

（一）表演性游戏

表演性运动是根据时间、距离或高度（如田径比赛、投掷和跳跃比赛及游泳比赛中的赛事）或先前确定的表现标准（如体操、潜水、花样游泳和花样滑冰）来判断参与者表现的运动。在表演性活动中，主要目标是执行技术本身。在大多数情况下，表演性游戏是在基本稳定的环境中执行。因此，针对表演性游戏的实践应侧重于技术执行本身，并且改进应涉及游戏器材，进行改进的目标主要是简化执行过程，使学生更轻松地完成游戏。

1. 田径游戏中的改进

（1）跳远或三级跳

①用扩展的起飞板代替窄板。

②让学生跑步、跳跃并测量他们的起跳脚接触起飞板的位置。

（2）跨栏

①使用高度较低的栏架。

②调整各跨栏之间的距离，以便学生学习适当的步骤跨栏之间的顺序（如三步或五步）。

③减少游戏中的栏架数量。

2. 游泳游戏中的改进

①允许水平较低的人使用脚蹼。

②使游泳运动员在部分比赛开始前已经在水中。

3. 体操游戏中的改进

（1）平衡木

用跳较低、较宽的工作台代替更窄、更高的平衡木。

（2）跳马

①使用高度较低的跳马。

②加跳板下的弹簧数量。

③用小型蹦床代替跳板。

（二）目标游戏

在目标游戏中，使学生在学习过程中尽早体验成功尤为重要。这些改进侧重于改变环境和设备。这里提供了一个既可以用于实践、也可以用于赛季比赛的例子。

保龄球

①允许学生将保龄球放在离球瓶更近的地方。

②使用车道上的保险杠。

（三）网球场游戏

通过改变游戏器材设备、规模和评分规则，可对球网类体育运动进行全面改进。

1. 网球

①使用特殊的慢速网球。

②使用手柄较短的网球拍。

③从基线移动到发球线。

④只允许学生在发球时做一个弹跳击球动作。

2. 羽毛球

①使用球速较慢的羽毛球。

②允许学生在面积更大的球场中进行单打以强调角度。

③当学生学会掌握至关重要的明确落点击球技术时，可安排更窄、更长的球场来安排学生练习上下打法。

（四）入侵游戏

许多球类集体性项目都属于入侵游戏，要求团队必须持球向特定目标前进，并最终得分。篮球、足球、曲棍球都是入侵游戏。

为了使这些游戏更适合学生，首先应通过减少每个团队的学生人数来进行改进；应根据学生的数量减小比赛区域的面积，还应减少规则；应改变次要规则以保持游戏流畅。附表4展示的是入侵游戏的修改情况。

附表4　入侵游戏的修改

器材设备	获得球权	所有权	得分
①使用更大的球 ②使用球速较慢的球 ③使用较短的击打工具（如曲棍球杆）	①不允许直接偷球（偷垒） ②增加球员获得控球权的方式	①允许球员在游戏中运用一些正常情况下不被允许使用的步伐 ②增加单个球员拥有的球权	①使用更大的目标（如更大的篮球框、足球球门） ②使用较低的目标

第六节　设计竞赛形式

在体育教学中，经常会出现一些学生在球场上比赛，另一些学生在一旁观看和等待的场景，他们等待的时间往往比他们上场的时间更多。尽管目前人们越来越关注学生的运动参与，但仍很少有人关注参与的机会均等性。

体育教学中的运动教育与竞技运动比赛的主要区别就在于运动教育给所有参与者提供平等的机会直接参与体育活动，这也是运动教育的主要原则。这意味着学生不仅要有平等的玩耍时间，而且要有平等的机会在各种活动中学习不同角色。这种平等参与的承诺是教师在设计竞赛模式时需考虑的一个关键因素。遵循以下三项指导原则来设计竞赛可确保学生能够公平参与。

一、设计竞赛形式的指导原则

（一）小型比赛原则

在运动教育中，使用小型比赛可使所有学生获得平等的比赛机会，学习成功所需的技术和战术。运动教育中的小型比赛是通过游戏中的多种修改方式而创建的。使用小型比赛的益处就是尽可能使团队中没有替补队员。

当进行学生人数分配使球队中有超过一名替补队员时，就要在比赛规则中加入替补规则，以便使所有队员都能获得平等的比赛时间。队员在比赛前按照团队教练制订的轮换顺序进出比赛。

（二）强调团队原则

运动教育中所有比赛均与团体表现相关联。使团队中成员共同致力于共同目的是运动教育所要达到的重要目标和发展目标。球队赢得比赛是以团队表现为重点的，甚至在羽毛球、游泳和助跑等单项运动中也是如此。在这些运动中，个人的表现会对整个团队的核心、等级或排名产生影响。因此，奖励和公布的联赛成绩是围绕运动教育中的团队表现组织比赛而获得，尽管有个人冠军、亚军等奖项，但大家关注的焦点还是团队。当赛季冠军、最佳责任球队、拥有最公平得分的球队及拥有最佳进攻或防守统计数据的球队都将获得比个人得分领先者更多的认可和关注。专注于团队，并不排斥在个人运动项目中使用运动教育形式，与此相反，运动教育非常适合个人运动项目，但运动项目的赛季比赛形式仍是以团队为导向的。

（三）分级竞赛原则

进行同等水平的竞赛是最有效的学习方式。在体育课上，学生们以往的经验和技能方面可能会有所不同，这就为组织分级竞赛提供了可行性，使学生能够与和自己具有类似技能和经验的同学竞争。一场实力相差悬殊的比赛对胜负双方而言都没有任何乐趣可言。运动教育研究表明，分级竞赛对技能水平较低的学生和在体育学习中不够积极的学生产生了积极效果，如培养了学生的归属感和信任感、不断提高技能水平为团队作出积极贡献的责任感。

二、设计竞赛形式

运动教育中常用的竞赛形式包括渐进式竞赛模式、活动竞赛模式、对抗赛和循环赛。这四种竞赛形式均有其适用的规则和特点（附表5）。

附表5　竞赛的形式和一般规则

竞赛形式	一般规则	变化	举例
渐进式竞赛模式	①随着比赛的变化，增加更多复杂的技战术 ②每次比赛的团队获胜者更有可能获得赛季冠军	所有学生在赛季开始阶段均以完成基本技术的竞赛为主要任务，随着赛季进程进行复杂的技战术比赛	足球：以 2v2 抢球比赛开始，进入 3v3 越界比赛，以 6v6 进球比赛作为结束

续表

竞赛形式	一般规则	变化	举例
活动竞赛模式	①学生们自己参加比赛，但所有表现均计入团队得分 ②通常涉及一系列挑战性活动，并在团队练习中穿插	①接力比赛 ②学生参加不同的个人比赛 ③学生展现出个性化的个人表现	①游泳：安排所有学生游相同的距离并增加竞赛时间 ②田径：安排2个短跑运动员、2个投掷运动员、2个跳步运动员 ③体操：安排2个跳马运动员、2个技巧运动员、2个双杠运动员 ④力量练习：安排学生与相同体重的人竞争
对抗赛	①学生与另一支队伍的学生进行单打或双打比赛 ②团队对抗赛所有比赛得分之和最高者为胜	①每支队伍中都有单打、双打和混双组合 ②双打比赛开始之后进行单打比赛	①羽毛球：1v1、2v2 ②网球：以两场双打比赛作为开始（A和B、C和D），随后开始4位单打选手的比赛
循环赛	①在一个赛季中所有队伍之间都要进行比赛 ②在经过较长时间季前技能训练后再开始比赛	在课堂中，教师为人数较多的团队进行不同方面的指导	1v4　2v3 1v3　2v4 1v2　3v4

（一）渐进式竞赛模式

渐进式竞赛有多种形式，这种模式的目的是通过一系列的小型比赛逐渐提高学生的技战术水平。在赛季开始时，一系列的混战中，所有的学生都可以学习明确团队职责，并熟悉竞赛模式。如一个足球赛季可能以2v2的"抢球"比赛开始，在比赛中，所培养的技术是传球和接球，战术是移动进入一个区域。各队比赛3分钟，每次成功传球得1分。接下来的3v3越界比赛增加了运球作为一种技术及运球或传球的战术决策。在这场比赛中，每队传球给一个直接在终点线截住球的队友，就得1分。最后，进行4v4比赛，比赛中有安排守门员，教师会给学生介绍射门技术，还增加了进攻和防守中的位置战术。

渐进式的竞赛形式也可围绕竞赛空间大小的变化、相关比赛器械设备和球的性质等来构建。例如，网球初赛可能使用短球拍、软球、长而窄的场地，发球线也会靠近球网。随着学生变得更有经验、更自信，在随后的比赛中教师可改变以上这些特征中的任何一个或全部。

在渐进式比赛中，教师可将各小型比赛的得分纳入团队赛季冠军总分。例如，在前面描述的足球例子中，一个队在 2v2 比赛中的得分可能最多，但另一支队则可能在 3v3 或 4v4 比赛中获得更好的成绩。附表6 展示是渐进式比赛形式。

附表6　渐进式比赛形式

内容进度	重点
1v1 游戏的技战术练习	教授 1v1 混战的组织
1v1 竞赛	责任组队员担任裁判员和记分员 教师教授学生进攻和防守等技战术
2v2 竞赛	记分员能够独立进行统计 可以加入各位置组合，如前锋和后卫，如守门员
3v3 或 4v4 竞赛	各团队由 6~8 人组成，比赛由 2 个裁判员和 1~2 个记分员来执行
6v6 竞赛	本节比赛的结果可能会计入最终的团体冠军总分，也可能不会，这取决于赛季的长度。有时候，教师希望他们的学生在最后的竞赛中体验正规的比赛，但又没太多时间比赛，在这种情况下，就将 6v6 竞赛结果计入最终的团体冠军总分

（二）活动竞赛模式

在活动模式中，学生们自己参加活动，他们的表现得分计入团队总分。在赛季早期，学生们致力于练习成功参加比赛所需的技术和体能水平。例如，田径运动员将练习起跑、跨栏技术等技术；游泳运动员将致力于培养足够的耐力，让他们在完成耐力练习的同时，学习和改进他们的泳姿、转身开始姿势。在这种形式的早期阶段，比赛通常只限于队内活动，教师可以帮助他们的队员决定谁将代表团队参加各种活动。本赛季大部分时间集中在一系列的团队比赛上。在本赛季后半段，各团队齐聚一堂，争夺最后的冠军赛的胜利。冠军赛的持续天数取决于要完成的比赛活动的天数。例如，在一个越野赛季（可能包括步行和跑步两种比赛），所有的项目都可以在 1 天内完成；田径项目的最后一场比赛距离各不相同，全部完成可能需要 3 天；完成投掷项目需 1 天；完成跑步项目需两天；最后一天为跳高比赛日。在最后一届锦标赛中，参赛队伍将以参赛者、裁判员、计时员和其他"官员"的身份参赛。教师可以要求提名"官员"参加所有活动（每个体操项目一个）或将他们分配到一个项目的特定团队中。

1. 接力赛

活动竞赛形式之一是接力赛。这种形式没有个人表演，只有集体比赛和得分。接力赛特别适用于游泳、越野等运动项目，也适用于跨栏、接力、铅球、跳远及 400 米和 800 米接力等项目。

2. 个人赛

在一支团队中，学生可以参加单一项目（体操中的技巧）或多个项目（如 100 米短跑和田径跳远）的比赛。团队总人数不同，学生参赛项目的多少也会有所不同。团队规模较大时，学生可以专攻某一项目，团队规模较小时，学生可能需要参加 2~3 项以上的项目。如在田径等运动项目中，所有学生都有机会学习所有项目的基本技术，并对他们个人将要参加的项目进行更多的练习。

3. 级别赛

这种变化对于受体重和力量（如举重）影响的比赛项目颇为有用。在此变化中，所有团队成员都参加相同的比赛，他们与相同重量级别的团队竞争。每周一次的挑战以小型比赛的形式来进行，每个队员都会保存他们的训练和举重的个人记录表。斯威尼·坦尼希尔和特尔（1992）描述了一个高中女生体育教育力量训练季：一个班有 31 名女生，分成 7 个队，四个级别划分决定了分配给每个小组的学生人数，A 级为 96~109 磅（43~49 千克），B 级为 112~119 磅（51~54 千克），C 级为 121~134 磅（55~61 千克），D 级为 135 磅（61 千克）及以上。每周举行一次挑战赛，最后一次比赛是一次团队竞赛，在该活动中，以各团队在所有项目中举起的总重量作为评判标准来确定比赛冠军。

4. 多项目赛

在多项目比赛中，各小组可选择派代表参加正在进行的任何一个项目的比赛。一个团队可能会选择派出三名甚至四名队员参加一个项目，而完全忽视另一个项目。但是，所有小组必须至少派两名队员担任教师指定项目的裁判员。多项目比赛模式可在一个赛季里涉及更多项目，使团队有更多选择。如在体操多项目中，有双杆、跳马、自由体操、技巧等可供选择的比赛。每个项目裁判都会确定比赛顺序，并对比赛成绩进行评判，而每队的队员都可以参加任何一个项目。

（三）对抗赛

两个团队之间会举行双重对抗，每一支队伍都以多个人或多个对为代表（附表7）。每一个人或每对都与来自其对手的同等个体或对竞争，由第三队完成对比赛的裁判。在这些比赛中，累积分值最多的队获胜被宣布为双会赛季的赢家。网球、羽毛球等隔网比赛或保龄球等目标比赛通常使用这种模式。根据每节课的长度或整个赛季，球员可以参加单打和双打比赛，在较长的赛季中，比赛可以包括两次单打和两次双打比赛；较短的赛季可能会有两次比赛，第一次是双打，然后是单打，或者每一场比赛中既有单打又有双打。

附表7　对抗赛模式

内容进度	重点
学习技术和技能	练习技能并开始运用
进行队内比赛	队伍通过比赛来确定自己的团队代表
第一轮比赛水平相当的各队进行 1v1 和 2v2 比赛	介绍裁判组职责，记分员能够独立进行统计
第二轮比赛	改变团队组织（如混双）
冠军	相同水平的所有玩家之间进行小型比赛，比赛成绩加入团队赛季冠军的评分系统

（四）循环赛

以循环赛的形式，所有的球队在一个赛季内均有互相比赛的机会。循环赛的比赛场数完全取决于参赛队伍的数量和参赛队伍的等级。例如，在一个 32 人的班上，有三个 10~11 名学生组成的小组，可能至少有两个或三个级别的分级竞赛（每个大小组中有两个或三个小组）。若分为三级竞赛，每一级的循环赛需要 3 场比赛，共需要 9 场比赛完成循环赛。但若将 32 名学生分成 5 组、每组 6~7 名学生，两个级别的比赛中每级需 10 场比赛，总共要进行 20 场比赛才能完成循环赛。

教师可依据自身在运动教育方面的经验，设定循环赛的模式，使每组至少和其他组比赛两次（一个主场和一个客场对每支队伍），这可使团队更多地了解其他团队的优势和弱点，并为两团队的下一次比赛做好准备。

循环竞赛的组织困难之一出现在当一个班里有多个队伍、比赛场次较多的时候。例如，一场 8 队的比赛共需进行 28 场比赛，才能保证所有的组别都在同一个水平上进行比赛。为克服这一问题，许多教师选择在一个班级内设置许多个区。在同一个比赛区内进行循环赛，之后，各区排名相同的团队再进行竞赛。按分区循环，8 队在两个分区的比赛只需要进行 12 场，10 队只需要进行 20 场比赛。

循环赛的另一种形式是双循环赛。这是渐进式竞赛模式的一种变化。也就是说，从技术和战术的角度来看，第一轮循环赛是第二轮比赛的前奏，为第二轮稍复杂的比赛做准备（附表 8）。

附表 8　循环赛模式

内容进度	重点
学习技术和技能	教师教授技能、比赛规则及裁判方面的知识
进行第一次循环赛（季前赛）	裁判员、计分员开始简单的计分统计 比赛对赛季冠军没有影响
进行第二次循环赛（竞赛期）	裁判组履行所有职责 比赛将有排名 教师教授更难的技术和战术 教师教授更复杂的统计或修改规则
最终活动赛事	与排名相近或来自其他班级的队伍比赛

三、最终庆祝活动的形式

整个赛季学生所有的运动体验都以一项最终的庆祝活动作为收尾。这项庆祝活动无论采用何种竞赛形式，都代表着学生运动体验达到高潮。在大多数运动比赛系统中，只有两支表现最好的团队（如冠亚军）才能出现在最终的活动中。而运动教育最终的庆祝活动是一项让所有队伍充分参与以庆祝赛季结束的活动，在活动中全班学生庆祝和分享赛季竞争成绩和其他荣誉。因此，赛季末的比赛不必只在最后几天结束。设计涉及所有队伍比赛的形式之一是举行一次锦标赛。在锦标赛中可能会有一场冠军赛，但也会有第三、第五、第七和第九名争夺的比赛。锦标赛可分为指南针式、金字塔式和阶梯式三种。

四、竞赛形式选择的建议

不同的比赛需要不同的课时，才能更适合特定的活动，附表9展示的是体育活动类型与适宜的竞赛模式，可为初运用运动教育模式的教师提供参考。

附表9 体育活动类型与适宜的竞赛模式

活动类型	渐进性模式	活动竞赛	对抗赛	循环赛
入侵游戏： 篮球、手球				非常适合
球拍游戏： 网球、羽毛球			非常适合	
投接球游戏：垒球、 圆场棒球、板球				非常适合
目标游戏： 射箭、飞镖	非常适合		非常适合	
个人游戏： 田径、游泳、定向越野		非常适合		
表演性游戏： 体操、体育舞蹈	非常适合	非常适合		
健身游戏： 跳绳、力量练习、有 氧运动	非常适合	非常适合		

第七节 运动教育教学评价

运动教育模式的评价旨在真实，强调对学生的知识、技能的掌握和行为表现等方面进行真实评价，评价贯穿于整个教学过程中。教师可自行设计相应的评价系统，以形成系统的评价体系。

建立运动教育评价体系至少需要四个步骤。第一步是确定真实的赛季目标。第二步是选择评价工具，提供关于这些选定结果所需的能力信息。第三步是在整个季节中使用评价工具来记录赛季目标的实现程度。第四步是记录学生的成绩。

一、选择赛季目标

可选择的赛季目标包括学生参与活动项目的数量、学生对自己技能的掌握程度、学生的自信程度。

二、选择评价工具

一旦选择了赛季目标，就需选择可评价这些目标的实现程度的工具。有多种工具可用于评价学生在运动教育中的学习和表现（附表 10）。常见评价工具包括核对表、评分表、笔试、课外作业、同伴评价、自我评价和工作任务。

附表 10　赛季目标评价工具

赛季目标	检查表	等级量数	笔试	课外任务	同行评审	个人报告	工作任务
课堂体育活动	√					√	
课外体育活动				√		√	
一般体育活动自我效能和享受		√				√	
特定赛季的自我效能和享受		√				√	
技术和战术（竞赛表现）	√	√			√		
责任组表现（即执法记分）	√	√			√		√
团队角色表现	√	√			√		√
公平竞争行为	√	√			√	√	
体育/活动知识	√	√	√	√			

附表 11 展示的是羽毛球竞赛技战术评价的情况。

附表 11　羽毛球竞赛技战术评价得分表

评价指标	程度			
技能水平	超过教学预期	达到教学预期	基本达到教学预期，还需发展	没有达到教学预期

评价指标	程度			
技术：发球	发球能力很强：可以改变球的位置和速度来攻击对方	发球稳定：发球很稳定，但不会改变球的位置或速度	被动发球：可以进行简单的发球	发球不连贯：不能成功发球，还需在游戏中练习
技术：击球	击球不可预测：可运用多种击球方式（正手击、反手发击，扣球、吊球、高远球），旨在击败对手	击球稳定：·击球连贯、命中率高，但仍然偏向仅使用某一种技术·不给对手过多的反应时间	被动击球：击球大多数送到对方面前，几乎没有改变球速和方向的能力	击球不连贯：·经常不能够成功击球·只有在对方失误时才能击球得分
战术：击球选择	击出的球有广泛变化：·能够在正确的时间使用各种各样的击球方法·比赛中，能够在考虑对手和自己位置的情况后，做出正确击球，且精确度高	击出的球有变化：·能在正确的时间做出正确的击球变化·比赛中，能够在考虑对手和自己位置的情况后，做出正确击球，但精确度不太高	可提供二次击球机会：·在比赛中，能够成功击球，但却会为对手提供轻松回击的机会·精确度仍然不够	一次性击球：·不管比赛情况如何，大都喜欢一次击球（如正手击球）·击球有时是盲目和不合适的·多数情况下仍是"友好"击球
战术：球的落点	落点位置开放：·无论对于长远球还是低发球，始终能将球击打到死角·能够根据对手的位置打角度·能够在充分考虑对手的长处和短处的基础上放球	落点位置活跃：·将球直接击向对方未防守的区域·更多的是将球打向角落，远离对手，但不是在边线附近·根据对手的场地位置，利用角度放长球或短球	落点置于对方区域：·在大多数情况下，不考虑对手的位置，将球回击到对方区域·在移动中努力将球放置在对方区域	球过网：·旨在简单地将球过网·不关心球在球场的落点

附表 12 展示的是竞赛表现统计情况。

附表 12 竞赛表现统计表

评价指标	程　度			
击球 决策	竞赛中击球明智： 能够有效利用对手的动作和击球信息来选择自己的动作和击球点	竞赛中击球较明智： ·能够运用正确、合适的击球方法 ·能够在有限的范围内考虑对手的击球方式、位置和球场控制能力	竞赛中击球被动且反应迟缓： ·被动击球，无法有计划地击球 ·对何时何地移动及使用什么样的击球方法表现出犹豫或反应迟缓	竞赛中击球时不能运用各种动作和击球战术： ·运用的击球方法单一
战术：球场控制范围移动（回到基本位置）	在球场中移动流畅： ·在基本位置的控制下 ·看对方回击球的位置提前移动到位 ·始终能够在每次击球后返回基本位置 ·即使在失去平衡时，也能够通过流畅有效的步伐来击球	在球场中移动较流畅： ·大多情况下，击球后能够回到基本位置，也能够通过移动避免让自己陷入困境 ·即使失去平衡，也能够通过流畅而有效的步伐来进行下次击球	在球场上移动被动： ·自己在球场中的位置是由对手的击球情况决定的，而不是自己计划或主导的 ·在有效击球结束后能回到基本位置，但较为费力 ·由于移动被动，因此可能为对手击球留出空间 ·由于失去平衡，回位会击球延迟 ·步法移动单一且笨拙	在球场上无移动或不能根据对手球的位置正确移动： ·对球的位置没有反应 ·对基本位置没有概念或理解不正确，在开始前就移动、丢球 ·只固定在球场上的一个位置，且只能从那里击球
技术：预期技能	技术技能行为反应与预期一致： 能够通过观察球拍头、身体位置、场地移动预策对手的下	技术技能行为反应与预期部分一致： ·能够尝试预测对手的下一次击球，但不能很快做出反应 ·能够移动到有利位置给对方致命一击 ·击球仍以防守为主	技术技能行为反应偶尔与预期一致： ·偶尔对对手下次击球做出判断 ·几乎不能够抓住对方的移动特点对下一次的击	技术技能行为反应几乎无法与预期保持一致： ·无法对对手的所有击球做出反应 ·一直处于防守状况

评价指标	程 度			
技术：预期技能	一次击球以确定自己击球的位置		球进行预期判断 ·击球迟缓且以防守为主	·主要关注如何击球（即判断击球的正确步伐）
作为队员，对竞赛规则的了解程度	充分了解竞赛规则： ·竞赛中没有违反规则的行为	较了解竞赛规则： ·很少违反规则	了解部分竞赛规则： ·了解规则，但仍然没有执行到位	不了解竞赛规则： ·缺乏规则意识；频繁违规 ·需要提醒
公平竞争行为	公平竞争行为表现突出： ·能够与队员一起高效合作 ·能够迅速完成分配的任务 ·意志坚定、自信 ·能够在需要时快速有效地解决冲突 ·能够乐观地面对输赢，尊重队友和对手 ·能够准时上课	达到公平竞争行为要求： ·非常自律，不需要老师监督 ·能够在需要时，快速有效地解决冲突 ·踊跃参与大多数团队和班级活动 ·能够较好地扮演分配给的团队角色 ·很少缺课 ·很少或无迟到	基本达到公平竞争行为要求： ·自我控制力较弱，经常需要老师监督 ·不能充分参与团队活动 ·有时会打断别人 ·不愿尽力而为 ·试图逃避活动 ·偶尔嘲弄他人（包括队友、裁判员和其他人） ·偶尔责备他人并拒绝承担个人责任 ·对队友的态度十分消极 ·偶尔为自己的错误找借口 ·有时缺课 ·有时迟到	没有达到公平竞争行为要求： ·不具备自我控制能力，需要老师不断监督 ·没有明显地参与团队活动 ·经常打断别人 ·消极对待竞赛 ·时常逃避活动 ·时常嘲弄他人（包括队友、裁判和其他人） ·容易反应过度并与他人发生冲突 ·时常责备他人并拒绝承担个人责任 ·对队友的态度十分消极 ·时常为自己的错误找借口 ·经常缺课或迟到

附表 13 展示的是责任组日常表现情况。

附表 13　责任组日常表现

说明：是（+1 到 3 分）；否（−1 到−3 分）

	例子										
当日责任组	A 队										
日期	3	1	2	3	4	5	6	7	8	9	10
任务											
赛前任务											
准时到达现场/球场并做好准备	1										
准备评分表	−1										
按时开始比赛	1										
其他											
游戏中的表现											
了解并应用规则	1										
保持公平	1										
竞赛中注意力集中	1										
其他											
赛后任务											
所有设备归还	−1										
评分表完整正确	1										
与团队共享统计数据	−1										
其他											
总数											
累计总数	3	0	0	0	0	0	0	0	0	0	0

附表 14 展示的是裁判员表现的评价情况。

附表 14 裁判员表现评价

队伍：	最终得分		
比赛：	Vs.		
裁判：		1 =	不好
		2 =	合格
		3 =	中等
团队回答问题时公平、诚实		4 =	良好
		5 =	优秀

裁判员表现	1	2	3	4	5
裁判员公平公正					
裁判员了解规则					
裁判员给出了明确解释					
评价该裁判员的整体工作					

附表 15 展示的是团队角色绩效等级情况。

附表 15 团队角色绩效等级

	季节天数	1	2	3	4	5	6	7	8	9	10	总计
	日期											
	任务											
	团队快速启动	1	1	1	1		1	1	1		1	
	设备归还	1	1	1	1		1	1	1		1	
A 队	快速进入活动	-1	0	1	0		1	1	1		1	
	赛后行为	1	1	1	0		1	0	1		2	
	每日统计	2	3	4	2	0	4	3	4	0	4	26
	团队快速启动	1	1	1		1	1	1		1	1	
B 队	设备归还	1	1	1		1	1	1		1	1	
	快速进入活动	1	1	0		1	1	1		1	1	

续表

	季节天数	1	2	3	4	5	6	7	8	9	10	总计
	日期											
	赛后行为	1	0	1		1	1	1		1	0	
	每日总计	4	3	3	0	4	4	4	0	4	3	29
C队	团队快速启动	1	1		1	1	1		1	1	1	
	设备归还	1	1		1	1	1		1	1	1	
	快速进入活动	1	1		0	1	1		1	1	1	
	赛后行为	1	1		1	1	1		1	1	1	
	每日总计	4	4	0	3	4	4	0	4	4	3	30

附表16展示的是教师团队公平竞争行为的情况。

附表16　团队公平竞争行为的教师评价

游戏：vs		日期：		
分区：				
运动：				
责任小组：				
裁判员姓名：				
对于每个问题，根据你刚才裁判的比赛，圈出最适合于每支队伍的分值				
公平竞争特点	队伍名称	队伍名称	队伍名称	队伍名称	队伍名称
全面、负责地参与				
尽了最大努力				
尊敬队友、对手和裁判				
具有体育精神				
进行了其他有益的行为				
总数				
注意：多支团队可以获得相同的分数				

附表17展示的是裁判评价团队公平竞争行为的情况。

附表 17　团队公平竞争行为的裁判评价

比赛双方：A 队 vs B 队		日期：	
分区：			
项目：			
责任队：			
裁判员姓名：			
对于每个问题，根据你刚才裁判的比赛，为每支队伍打上合适的分值			
公平竞争特点		A 队	B 队
公平比赛，对队友和对手给予积极评价		2	2
球队在规则范围内比赛		1	1
团队成员对裁判或对手发表了负面评价		−2	−2
注意：两支队伍可以得到相同的分数			

三、评价赛季目标的实现程度

　　一旦为本赛季选择了特定的目标和相关的评价工具，教师就需要在课堂上利用时间来对这些目标的实现情况进行评价。季前赛和常规赛为教师进行这些评价提供了机会，使他们可以在真实的学习条件下正式评价学生在多种角色中的表现。关键是要充分利用整个赛季，评价的内容从小的部分开始，通过在任何一个季节中选择不超过两个或三个目标来限制学生学习成果的数量。通过整个赛季的评价，教师可以调整在赛季初期对学生表现的评分。当看到学生在本赛季早期的一个或多个游戏中获得明显进步时，可以调整分数。因此，在赛季中学生有不止一次机会展示他们的能力、文化和热情。

四、记录学生成绩

　　收集学生成绩数据后，教师需要设计一个可以记录学生成绩的成绩表（附表 18）。

附表 18 学生成绩记录

季节结果	有能力的	有文化的	热情的
绩效自我评价			
规则测试			
公平竞赛			
同伴技能测试			
角色评价			
活动日志/日记			

注：根据课程内容结束后的情况选择相应的目标，目标实现了打√，没有实现打×。

APPENDIX **附录B**

学校体育专家和教师访谈提纲

①您认为《大学生跳绳运动技能接触程度调查问卷》的设计是否合理？如不合理，还需在哪些方面改进？

②您认为采用《大学生跳绳运动技能接触程度调查问卷》得到的数据能否反映出学生在实验前跳绳运动技能的水平？

③谈谈您对运动教育模式的认识和看法。

④您认为运动教育模式能否适应我国体育课程改革的需要？

⑤您认为运动教育模式与传统教育模式的区别有哪些？

⑥您认为将运动教育模式引入高校体育教学是否可行？

⑦您认为在跳绳选项课中引入运动教育模式是否合理？

⑧您认为运动教育模式能否发挥学生的课堂主体作用？

⑨您认为运动教育模式在教学中运用时应该注意哪些方面？

⑩您认为运动教育模式在中国体育教学中运用前景如何？

大学生跳绳运动技能接触程度调查问卷

亲爱的同学：

　　你好，我们现在正在进行跳绳选项课的教学研究，为了解你在上跳绳课前对该项目的接触情况，保证本研究的科学严谨，请你认真填写以下问卷，在此对于你的帮助和支持致以衷心的感谢，谢谢！

　　①性别：　　　　　　　A. 男　　　　B. 女

　　②是否汉族：　　　　　A. 是　　　　B. 否

　　③生源来源：　　　　　A. 城镇　　　B. 农村

　　④是否师范生：　　　　A. 是　　　　B. 否

　　⑤在跳绳课前你参与活动过跳绳这项运动吗？　　　　A. 有过　　　B. 没有

　　⑥在本次跳绳课前你曾经在学校进行过跳绳的学习吗？　A. 有　　B. 没有

　　如果6题回答A，请回答7题，否则不回答7题。

　　⑦你哪个阶段在学校进行过跳绳的课堂学习？（可多选）

　　A. 小学阶段　B. 初中阶段　　C. 高中阶段　　D. 大学一年级

　　⑧你曾经在培训机构进行过跳绳的学习吗？A. 有　　　　B. 没有

　　⑨现今你还经常在课余时间进行跳绳锻炼吗？A. 是　　　B. 否

　　⑩你之前喜欢跳绳吗？　　A. 喜欢　B. 一般　C. 不喜欢

　　⑪在上跳绳课前有其他韵律操类（如健美操、形体芭蕾、体育舞蹈等）学习基础吗？　A. 有　B. 没有

REFERENCES

参考文献

一、专著

［1］张伟，孙哲．体育教学功能解析与实现途径研究［M］．北京：中国商业出版社，2018.

［2］李姗姗．现代教育思想在高校体育教学中的应用研究［M］．成都：四川大学出版社，2014.

［3］郭道全，魏富民，肖勤．现代高校体育教学概论［M］．北京：中国商务出版社，2015.

［4］周遵琴．高校体育教学改革与发展［M］．成都：电子科技大学出版社，2015.

［5］姜明．现代学校体育教学研究［M］．武汉：湖北科学技术出版社，2013.

［6］陈建绩．体育教学新论［M］．天津：天津人民出版社，2002.

［7］马尚奎，李俊勇．体育教学导论［M］．长春：吉林人民出版社，2016.

［8］张胜利，邢振超，孙宇．高校体育教学与科学训练［M］．北京：九州出版社，2015.

［9］关北光，毛加宁．体育教学设计［M］．成都：西南交通大学出版社，2016.

［10］袁莉萍．中国高校体育教育研究［M］．武汉：湖北科学技术出版社，2013.

［11］陈爱莉，史伟，郭张箭．现代体育教学功能解析与科学发展研究［M］．北京：中国商务出版社，2017.

［12］张力为，毛志雄．体育科学常用心理量表评定手册［M］．北京：北京体育大学出版社，2004.

［13］潘绍伟，于可红．学校体育学（第三版）［M］．北京：高等教育出版社，2015.

［14］Dawn Penney, Gill Clarke, Mandy Quill and Gary D. Kinch. Sport Education in Physical Education: Reserach Based Practice［M］. New York: Routledge, 2005.

［15］Daryl Sledentop, Peter A. Hanstle, Hans Van Der Mars. Complete Guide to Sport Education［M］. Windson: Human Kinetics, 2011.

［16］Launder, A. G. Play practice: The games approach to teaching and coaching sports［M］. Champaign: Human Kinetics, 2001.

［17］Metzler, M. Instructional Models for Physical Education［M］. Needham Heights: A Person Edu Company, 2000.

二、期刊及学位论文

[1] 陈雁飞. 运动教育模式对学校体育课程改革的启示明 [J]. 体育学刊, 2005 (3)：92-93.

[2] 高航, 章荣江, 高嵘, 等. 当代运动教育模式研究 [J]. 体育科学, 2005, 25 (6)：79.

[3] 高航, 吴铁桥. 试论运动教育模式的历史渊源 [J]. 首都体育学院学报, 2005 (1)：36-37.

[4] 高航, 高嵘. 运动教育模式实施策略研究 [J]. 体育文化导刊, 2010 (2)：60-62.

[5] 姜艳, 谭小勇. 试析美国体育教育 SE 模式 [J]. 首都体育学院学报, 2010 (2)：78-82.

[6] 蒋晓培. 运动教育模式引入普通高校体育选项课的理论研究 [D]. 长春：东北师范大学, 2006.

[7] 蒋新国, 肖海婷. 美国运动教育模式对我国学校体育课程改革的启示 [J]. 上海体育学院学报, 2007 (1)：82-84.

[8] 谭小燕. "运动教育"课程模式研究—武术课程运动教育模式的建构 [J]. 体育与科学, 2009 (2)：82-86.

[9] 于国辉. 运动教育模式在普通高校排球选项课教学中的应用研究 [D]. 长春：东北师范大学, 2008.

[10] 杨艳. 运动教育模式在北京市独立学院健美操选项课教学中的应用研究 [D]. 北京：北京体育大学, 2013.

[11] 熊艳. 我国普通高校健美操"运动教育模式"的理论构建与实证研究 [D]. 北京：北京体育大学, 2013.

[12] 王思文. 高校公体篮球教学引入运动教育模式的研究 [D]. 长春：东北师范大学, 2015.

[13] 熊艳, 马鸿韬. "运动教育模式"对学生运动动机的影响 [J]. 北京体育大学学报：社会科学版, 2013 (6)：82-88.

[14] 杨德荣. 普通高校排球教学中运用运动教育模式的研究 [J]. 体育科技文献通报, 2014, 22 (5)：76-77+10.

[15] 姚煜斌. 高校公体篮球教学引入运动教育模式的探讨 [J]. 当代体育科技, 2017, 7 (11)：22-23.

[16] 袁祖力, 孙涵. 运动教育模式在高校篮球教学中的应用研究——以上海交通大学为例 [J]. 当代体育科技, 2020, 10 (13)：61-62.

[17] 孙琴, 熊燕. 美国运动教育模式在高校健美操教学中的实验研究 [J]. 运动, 2016 (2)：50-51.

[18] 程岩梅. 对当前学校体育田径教学改革的思考：引进运动教育模式的设想 [J]. 东南大学学报：哲学社会科学版, 2010 (2)：193-195.

[19] 杨毅, 杨帆. 运动教育模式在高校武术专业课中的教学应用 [J]. 搏击（武术科学）, 2012 (8)：63-64.

[20] 李海英, 牛艳芳. 运动教育模式对大学生运动技能的影响 [J]. 湖北师范大学学报：自

然科学版，2017，37（1）：15-18.

[21] 李海英，贾晓颖．运动教育模式对大学生参与动力影响的研究［J］．白城师范学院学报，2017，31（2）：26-30.

[22] 李海英，胡巧荣．运动教育模式中学生道德养成新态研究［J］．教学与管理，2018（5）：92-94.

[23] 袁筱平．30年来我国学校体育教育思想嬗变［J］．体育教育，2010（1）：65-66.

[24] 张豪，杨管，李显国．"健康中国"背景下学校体育教学指导思想的再思考［J］．体育科技文献通报，2018，26（5）：146-148.

[25] 刘璐．运动教育模式对学生运动动机的影响［J］．南京体育学院学报：社会科学版，2013（6）：82-90.

[26] 巩飞．高等职业院校体育教学组织形式的挑战与分析［J］．赤峰学院学报：自然科学版，2016，32：（7）：205-206.

[27] 吴亚香．校园足球教学引入运动教育模式的研究［J］．南京体育学院学报：社会科学版，2016，30（5）：82-87.

[28] 马金凤．我国高校体育教学改革探讨［J］．山东体育学院学报，2014，30（2）：105-109.

[29] 李小刚．美国运动教育模式本土化研究［J］．体育文化导刊，2017（5）：161-165.

[30] 尚力沛．美国赋权运动模式概述及在我国学校体育课程中的构建与设计［J］．南京体育学院学报：社会科学版，2017，31（6）：61-66.

[31] 李小刚．西登托普运动教育模式对我国大学体育课程改革的启示［J］．体育研究与教育，2016，31（6）：59-63.

[32] 吴明智．高校体育教学内容体系的构建与优化［J］．运动，2013（19）：94-95+52.

[33] 曹永跃．普通高校体育教学内容设置存在的问题及影响因素分析［J］．成都体育学院学报，2011（4）：62-65.

[34] 许智勇．对高校体育教学内容体系构建与优化的研究［J］．体育科技，2015，36（4）162-163.

[35] 张李强，汪晓赞．运动教育模式的国际研究热点述评［J］．武汉体育学院学报，2017，51（2）：93-100.

[36] 冯晓丽．高校体育课堂教学策略优化研究［J］．北京体育大学学报，2011（5）：105-108.

[37] 郭磊，刘英辉．高校公共体育教学中的供给侧改革研究［J］．西安体育学院学报，2018，35（4）：495-498+505.

[38] 王伟光．普通高校体育基础课教学改革与实践的研究［J］．北京体育大学学报，2015，38（8）：104-111.

[39] 潘修森，高嵘．基于运动教育模式的高校体育课程教学评价方法分析——以北师大三自太极课为例［J］．中国学校体育（高等教育），2017，4（10）：37-40.

[40] 魏胜辉，颜海波．我国高校体育教学评价体系的异化与规划［J］．广州体育学院学报，2014，34（5）：10-13.

［41］何毅，董国永. 美国 PEM 体育学习评价体系研究 ［J］. 首都体育学院学报，2018，30
（6）：537-541.

［42］陈玲. 运动教育模式在高校体育公共课中的体系构建和成效研究 ［D］. 大连：大连理工
大学，2018.

［43］周文君. 运动教育模式引入大学生排球公共选项课的应用研究 ［D］. 天津：天津体育学
院，2016.

［44］赵伟. 我国高校体育专业引入运动教育模式的理论研究 ［D］. 南宁：广西师范学
院，2016.

［45］顾海勇，解超. 大学生体育学习兴趣评价量表的编制 ［J］. 广州体育学院学报，2010，32
（3）：122-124.

［46］尹龙. 青少年体力活动行为预测与干预研究——基于自我决定理论和计划行为理论的跨
情境视角 ［D］. 上海：上海体育学院，2018.

［47］陶海涵. 运动教育模式在初中健美操教学中的实证研究 ［D］. 武汉：华中师范大
学，2019.

［48］Mohr D J, Townsend J S, Bulger S M. A Pedagogical Approach to Sport EducationSeason Plan-
ning ［J］. Journal of Physical Education, Recreation and Dance, 2001.

［49］Tristan L. Wallhead. Effects of a sport education intervention on students′Motivation Response in
Physical Education ［J］. Journal of Physical Education, Recreationand Dance, 2004.

［50］PeterA. Hastiee. g. A review of research on sport education：2004 to the present ［J］. Physical
Education and Sport Pedagogy, 2011 (2).

［51］Jayne, Alderman. Influence of Sport Education on Group Cohesion in University Physical Educa-
tion ［J］. Journal of teaching in physical education, 2011 (30).

［52］John, Daniel. Assessment modifications for students with disabilities in sport education ［J］.
Journal of Physical Education and Dance, 2011 (7).

［53］Pritchard, McCollum. Effect of the sport education tactical model on coeducational and single
gender game performance ［J］. The Physical Education, 2014 (2).

［54］Stephen Harvey, David Kirk. Sport education as a pedagogical application for ethical
development in physical education and youth sport ［J］. Sport, Education and Society, 2014
(1).